解讀易經的奧祕 卷 四

易經的中道思維。

風靡中國十億人口
知名大師
曾仕強　劉君政
教授◎著述

國家圖書館出版品預行編目資料

解讀易經的奧祕. 4, 易經的中道思維 / 曾仕強, 劉君政 著. -- 初版. -- 臺北市：奇異果子廣告行銷, 2012.01
面； 公分
ISBN 978-986-87864-2-4（平裝）
1.易經 2.研究考訂
121.17 101000696

解讀易經的奧祕・卷4

易經的中道思維

作　　者	曾仕強　劉君政
發 行 人	林錦燕
總 編 輯	陳麒婷
行銷企劃	邱俊清
主　　編	林雅慧
編　　輯	邱柏諭
編　　輯	邱詩諭
發 行 所 出 版 者	奇異果子廣告行銷有限公司
	地址：台北市中正區重慶南路一段57號8樓之14
	電話：02-2361-1379
	傳真：02-2331-5394
版　　次	2012年3月一刷
I S B N	978-986-87864-2-4
定　　價	新台幣380元

【作者簡介】

曾仕強 教授

英國萊斯特大學管理哲學博士，台灣交通大學教授、興國管理學院首任校長、台灣師範大學兼任教授、人類自救協會理事長、新人類文明文教基金會董事長。

曾教授學貫古今，數十年來醉心於中華文化和西方現代管理哲學之研究，在國學、企管、哲學、教育等諸多領域上，皆有極高深的造詣。三十年前，世界五百強企業尚無中國企業能躋身其間，曾教授便已洞察趨勢，率先提倡「中國式管理」學說，被譽為「中國式管理之父」。迄今，曾教授已巡迴全球，完成逾五千場以上之演講，為臺灣生產力中心調查「最受企業界歡迎的十大講師」之一。

近年來，曾教授應大陸中央電視台邀請，至「百家講壇」節目，主講「經營之神胡雪巖的啟示」、「易經與人生」等主題，收視率勇奪全國之冠；二〇〇九年十月，再應百家講壇之邀，主講「易經的奧祕」系列，內容風靡全中國，掀起一股國學復興浪潮，曾教授更被評選為第一名的國學大師。

曾教授著作有：《易經真的很容易》、《走進乾坤的門戶》、《論語給年輕人的啟示》、《中華文化的特質》、《中國式管理》、《總裁魅力學》、《樂天知命的無憂人生》、《修己安人的領導魅力》……等數十本，其中《易經的奧祕》一書銷售量已突破五百萬冊，高居台灣與大陸各大書店文史哲類暢銷排行榜總冠軍。

劉君政 教授

美國杜魯門州立大學教育行政碩士，台灣師範大學教育學士。

歷任台灣師範大學、彰化師範大學、高雄師範大學教授，胡雪巖教育基金會理事。

前言—代序

看過乾（䷀）、坤（䷁）、坎（䷜）、離（䷝）、既濟（䷾）、未濟（䷿），知道卦象、卦辭、彖傳、爻辭的功能和變化，我們似乎應該調轉過來，回頭看一看《易經》的中道思維，以期對其餘各卦，能夠以更快捷的方式、更周全的態度，和更深入的眼光來加以瞭解。「中」這個字，原本是一個圖騰，也就是我們所熟悉的太極圖象，「中道」其實便是太極之道，後來由堯帝傳給舜帝，從此聖聖相傳，成為中國的道統。孔子集大成，以中道思維刪詩書、贊周易、定禮樂、作春秋。把中道思維，貫通於六經。孔子說：「吾道一以貫之。」可見《易經》為群經之始，中道思維也影響我中華民族，以迄於今。

遠在四、五千年以前，中華民族就已經轉入農業社會，耕田鑿井，聚族而居。大家必須通力合作，因此不可能產生希臘式的個人主義。在當時的情勢下，必須崇尚實際，也不可能像印度民族那樣，憧憬來世和前生的狀態。農耕生活的平實性與協和性，促使中華民族愛好和平，並且重視和合。群居生活，使我們明白做人必須規規矩矩、老老實實，遵循天道而行。大家通力合作，同心協力，才能夠爭取生存的機會。個人主義，到頭來必然眾叛親離、孤家寡人一個，這樣的人生，有什麼價值可言？過去的已經過去，後悔也沒有用。未來的發展，基礎就在現在。我們也不可能脫離現實，完全寄望於未來。我們知道過去是現在的過去，而未來也不過是現在的未來。時間一分為二，分為過去與未來。但是重要的，則是二合為一，聚焦於現在的情勢。我們常認為中國人現實，其實《易經》的整體思維，告訴我們過去、現在和未來同等重要。不過未來有待變化，而過去已經不變，這才格外重視現在的轉化。緬懷過去，主要在記取寶貴的教訓；展望未來，重點在指引光明的前程。真正要把握的，則是轉瞬即逝的現在。現在界於過去和未來之間，所以我們在整體當中，特別重視中道，也就是此時此地最合理的途徑。我們所追求的，是高難度的「時中」，即是時時刻刻，都尋求當時的合理點，務求確實能夠命中預期的目標。

為了時中，我們必須唯變所適。依據當前（現在）內外環境的變化做出合理的調整，也就是《易經》所主張的「變易」。然而整體思維，必須顧全大局，以符合整體的需求。於是變易中有不變，也就是方法途徑可以變易，而基本原則和遠程目標則不可以改變。我們常說生活法則不變，生活方式可以變，構成我們最為擅長的「持經達變」，也就是「以不變應萬變」的最高智慧。可惜很多人看不懂也想不通，竟然蠻不講理地要把它改成「以萬變應萬變」。

「變易」和「不易」，要雙方面兼顧並重，才是整體思維。剛開始著實不容易，明白易理之後，自然簡知易行，所以簡易。熟練運用之後，自然產生「差不多」的概念。差不多的原意，是不能差太多。不幸又被人嚴重地扭曲成為「差不多就是差太多」，徒然把難得的寶貝，又白白葬送掉了！

凡事無過與不及，表示「差不多」。所差不多，即為我們常說的「剛剛好」，也就是大家所極力爭取的「恰到好處」。過與不及都是「差太多」，只有「差不多」才是大家所期待的「恰恰好」。

《易經》六十四卦，看起來乾卦純陽、坤卦純陰。實際上天地間有陰就有陽，陽中有陰，陰中也有陽，表示乾卦中有陰，否則怎麼會「亢龍有悔」呢？乾卦上九，位居全卦的極位，物極必反，陽變成陰，這才亢龍有悔；坤卦上六，同樣柔極成至剛，難怪「龍戰于野，其血玄黃。」乾陽太剛，最後變成不剛；坤陰太柔，終於變成不柔。否卦（䷋）上乾下坤，符合天在上、地在下的正常現象，為什麼反而稱為否卦呢？就是因為上乾下坤，很正。很正，在物極必反的原則下，反而變成不正。「不正」即為「否」，符合《易經》的整體思維。

陰極不行，陽極也不行。促使炎黃子孫在陰、陽之間，尋找出第三條路，那就是「中道」。「中」並不是剛好在中間，而是差不多在中間，合理就好。「差不多」可以在正中間，也可以稍微偏左或偏右，當然偶爾也會極左或極右，反正物極必反，偏到極端自然走不通，也就回頭了。合理就好，但合理不合理？標準在哪裡？誰說的算？熟悉易理的人，自然心知肚明，一切隨時勢而改變。〈繫辭下傳〉說：「初難知，上易知」，固然十分普遍，但也確有例外。至於「二多譽、四多懼；三多凶、五多功」，不過是多與少的變化，並不一定。

我們常常喜歡說「不一定」，凡事都覺得「很難講」，難道沒有依據？陰陽交易，才能生生不息。如何交易才合理？當然成為大家十分關注的課題。於是損卦（䷨）和益卦（䷩）便應運而生。大家常在損益之間斤斤計較，卻忘了根本的泰和否。殊不知泰、否才是目的，而損益不過是手段。合理不合理？固然很難講。《易經》提出一個「孚」字，即為誠信和愛心。透過自我不斷反省，有過則改，培養出令人信任的誠信。然後經由感應，彼此都以誠信來交易，自然合理。愛因斯坦的「相對論」，是近代科學非常重要的大成就，但「相對論」實際上包涵「絕對論」在內，沒有絕對，哪裡有什麼相對？「一切都是相對的，絕對沒有絕對」，最起碼這一句話，就很絕對！科學所說的合乎規格，不過是合乎一定公差的範圍。明白的人，便知道這是一種「差不多」的思維。

任何標準，若是公差為零。必然太嚴苛了，反而不容易執行。任何規定，倘若缺乏彈性，大概就行不通。有公差、有彈性，這不是差不多，又是什麼呢？

既然差不多就不應該差太多。真正的差不多，就是此時此地剛剛好的合理標準，既行得通，又受到大家的歡迎！

泰（䷊）中有否（䷋），否中也有泰。泰到差不多時，務必提高警覺，因為否就快要出現了。否極也可以泰來，卻不能坐著等待，必須以盡人事來加速否極泰來。至於能不能實現，還是聽天命吧！這種憂患意識和防患於未然的觀念，符合中道思維的要求。損益也一樣，有損才有益，有益必然要自損。很多人捨不得，所以不捨而不得。泰否、損益，拿捏的度很重要。「差太多」不行，也不好；「差不多」則代表恰到好處，最好。

〈易傳〉說「不可為典要」，實際上含有「務必為典要」的意思。《易經》的整體系統，也就是中道思維，告訴我們：「自然法則要當做規定，不應該輕易地加以改變。」然而應用到日常生活上，就應該「唯變所適，不可為典要。」說差不多就不能差太多，倘若差太多就沒有資格說差不多。看到泰最好想到否，才不致吝到死不認錯，很快就掉入否的困境；看到否立即想到泰，以免心灰意懶而喪失志氣。這時候真心悔悟，決心改過遷善，很快就能轉為泰順吉祥。損益兩卦，和泰否的關係，十分密切。損卦（䷨）由泰卦（䷊）變化而來，表示泰的時候，很容易損下益上，損到最後，就變成否卦（䷋）了；益卦（䷩）由否卦（䷋）變化而來，象徵否的時候，比較容易損上益下，反而可以進入泰順的良好局面。不但泰和否ㄆㄧˇ、損和益，要連起來想。擴大來說，乾、坤、泰、否ㄆㄧˇ、損、益，以及坎、離、既濟、未濟，都應該合起來想，才有整體系統的精神，更加明白牽一髮動全身的道理。並且找出中道思維，發現可行而且應行的途徑，以求及時趨吉避凶。損卦（䷨）和益卦（䷩），都是外剛內柔，看起來像離（☲）的樣子。益卦（䷩）的六三爻和上九爻交換，損卦（䷨）的初九爻和六四爻交換，不就成為既濟和未濟？何況所有各卦，都是由乾、坤演變而成，彼此之間，都具有十分密切的關係。我們既要見樹，也要見林。因此對於《易經》的研究，就不能夠採取西方的觀點，以免只見樹而不見林，也不能夠僅僅採取分析法或綜合法，而是應該兩者並重，最後才綜合起來思慮。讓我們嘗試看看，改變一下思慮的觀點與方式，也期待各位先進朋友，不吝賜教為幸。

曾仕強
劉君政
謹識於台灣師範大學

編者序

《易經》主張「陽中有陰、陰中有陽」，「陰極成陽、陽極成陰」，說明了陰陽是不可分割的整體，也顯示出自然現象是相對的：有正即有反、有上就有下、有熱便有冷、有物質就有反物質……宇宙萬物看似錯綜複雜，實則亂中有序，而其間最重要的維繫關鍵即在於「中道」。

然而什麼是「中道」？只要瞭解易理就會明白，「中」並不是正好位於中間，而是指差不多位於中間，合理就好。簡而言之，就是無過之、無不及，以恰到好處為標準。炎黃子孫追求「時中」的境界，冀望能夠時時刻刻，都尋得此時此地最恰當的合理點。凡事不可走極端，因為物極而必反，一但事物發展到了極致，最後必然朝反方向前進，最終目標仍是回歸中道。物極必反的概念，也啟發了中國人特有的智慧——「滿招損、謙受益」；「損有餘、益不足」；「泰中有否、否中有泰」；「持盈保泰、否極泰來」……這些都是古聖先賢留給我們的明訓，從中也再次彰顯出了中道精神的可貴。

本書中，曾教授藉由「泰、否、損、益」這四卦，剖析「泰吉否來，否極泰來，損益盈虛，與時偕行」的道理，使我們能夠明白：泰的時候，其實已經潛伏了否的因子；否的時候，其實也隱含有泰的轉機。泰中有否，否中也有泰，顯然是自然天道的法則。而損卦由泰卦變化而來，表示泰的時候，很容易損下益上，損到最後，就轉變成否卦了；益卦由否卦變化而來，象徵否的時候，比較容易損上益下，反而可以進入泰順的良好局面。泰否損益這四卦，彼此互為因果，可謂牽一髮而動全身。讀者若能深入研究，細心體會，從賞玩爻辭、觀象明理當中，推演出中道思維的精神所在，相信必能走出一條趨吉避凶、允執厥中的人生大道，感受到無入不自得的喜悅之情。

現代易學院系列叢書總編輯　陳麒婷

目錄

《第一章》

易經思維
有哪些特性？

以人為本，卻應該順應天道，
犧牲奉獻，是人類最為可貴的精神。

卦爻辭吉多凶少，給人們很大的鼓舞，
由情入理，自動自發講道理，最為可愛。

一切都是不一定，而不一定卻是一定，
陰中有陽，陽中也有陰，一定中有不一定。

凡事皆由長久累積而成，過程很重要，
現代人快快快還要更快，結果死得很快！

象數理的連鎖作用，便是現代的推理，
憑良心想道理，自然一切都在意料之中。

宇宙人生錯綜複雜，合理就好，
中道是《易經》無所不包的融合原則。

一．以人為本善用自然法則

《易經》以人為本，並不是盲目地把人的地位抬高為「萬物之靈」，認為人定勝天，可以征服自然。相反地，《易經》指出人從乾元獲得性命以後，就應該要端正自己的言行，不斷加強進德修業，以求天人合一，唯有如此，才有資格成為萬物之靈。要達到這樣的境界，必須瞭解人類和一般動物的差異，在於一般動物依本能而活動，只有人能夠依目的而行事。人具有創造性和自主性，可以選擇自己的目的，決定自己的行為。倘若不是這樣，怎麼可能「自作自受」呢？我們可以和他人對立，也可以決定與他人互助。我們能夠成君子，也能夠當小人。一般動物有情感，但僅限於感覺得到的對象；人的情感，可以擴展到無形無象的領域。人具有反省的能力，能夠自覺、自律、自我改善，為什麼不善用這些特有的本性，來善盡自己的責任呢？

我們食用動植物、開採礦物，為什麼沒有想到牠（它）們的偉大，即在於為我們做出貢獻？對牠（它）們來說，其實就是自我犧牲。人類企求互助互愛，先決條件便是犧牲奉獻，這是最基本的自然法則，我們竟然沒有活學活用，反而以奪取為手段，視為非作歹為聰明的表現，還美其名為「智慧型犯罪」。殊不知真正的智慧，便是正己正人，絕不犯罪。

人類唯有自覺自己的尊貴和難得，願意憑良心對待自己和他人，善用自然法則作出合理的犧牲奉獻，才有辦法改善當前的種種亂象，也才是真正瞭解《易經》「乾道變化，各正性命」的用意，能夠合理地走出人類共同的光明未來。

三才之道

- ☰ 天道
- ☰ 人道
- ☰ 地道

人居於天地之間，
不但要頂天立地，
而且要參贊天地之化育，
順應天理以改造內外環境。
發揚犧牲奉獻的精神，
才是自覺高貴的難得表現。
我們把這種精神稱為「成全」，
十分值得代代相傳，也才能各正性命。

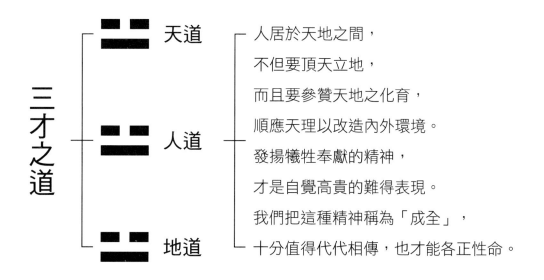

二、卦爻辭吉多凶少通人情

任何人唯有自強不息，持續進德修業，一直向上提升到至善的境界，才有光明的前程。對於這樣的人，《易經》提供六十四種不同情境，列出能夠趨吉避凶的對應之道以供參考。《易經》所說的「吉凶」，實際上並不是我們常說的「利害」。六十四卦的卦辭，以「元亨利貞」為主幹，得之為吉，失之則凶。所以〈繫辭上傳〉說：吉凶是得失之象。做人處事，合理便是吉，不合理即為凶。凡事必須慎始。「元」的意思，是事先要有周詳的計畫，一出手便命中目標，我們把它稱為「時中」，便是時時刻刻都合理，果然十分精準。君子具有這樣的修養，當然知道持經達變的重要性，並能妥善運用，所以做起事來，自然亨通順暢，利己利人。面對利益的分配，就應該堅持合理的操守，稱為「貞操」。凡事貞（正）則吉，否則悔吝之餘，凶就緊跟著出現了。「元亨利貞」，代表一套慎始善終的思維系統，環環相扣，貫通全易。

《易經》在卦爻辭方面，則是吉多凶少，打破「人生不如意事，十常八九」的迷思。對人的言行，給予很大的激勵，只要堅守貞操，必能突破各種艱難險阻，成就一番事業。然後貞下起元，又能發揚光大，而生生不息。

《易經》既然以人為本，當然十分重視人情，因為人而無情，何以為人？因此主張「由情入理」，先給予溫暖、寄以同情，然後適當指點，使其能透過自覺而逐漸明白道理。中華民族喜歡點到為止，通常並不明言，而且多說吉、少說凶；多說吉祥話、少觸人霉頭，便是這種「重鼓勵、少指責」精神的延伸。

滿足人情的需求

↑

給予人們很大的鼓舞與激勵

↑

《易經》卦爻辭吉多凶少

↑

共同謀求趨吉避凶的途徑

↑

大家都擔心凶多吉少

↑

人生不如意事十常八九

三、凶未必凶吉也不一定吉

爻辭說「凶」，並不是鐵口直斷，非凶不可，它的用意在於提醒大家，如果這樣發展下去，結果很可能是凶。倘若能及時反省，做出合理的調整，也很可能化險為夷，收到趨吉避凶的效果。當事人的明智抉擇，就在這裡表現出來，才叫做自覺、自律，當然可以改變現況，以求心想事成。人的自主性和創造性，必須加以尊重，才能充分體現自作自受的效果。

凶可能變吉，吉當然也可能變凶。一切都不一定，變來變去，即為「變易」。然而「不一定」之中，含有「一定」的因子。「不一定不一定」，負負得正，不就是「一定」？這種「不易」的原則，也同等重要。西方人說ＹＥＳ，不可能變ＮＯ，否則便是不守信，有欺騙的嫌疑；中國人說「對」，含有「未必全對」的「不對」；說「是」也有「怎麼可能完全是」的「不是」。這種「陰中有陽，陽中有陰」的思維邏輯，充分表現在中華民族的言行態度上。西方人看不懂，還情有可原。然而現代中國人，特別是知識分子，卻經常以西方的標準來衡量中國人，而且抱持「中國人要向西方人看齊，才是現代化、國際化」的錯誤心態。竟然對《易經》的思維法則，陌生到這樣的地步，實在可悲！存心欺騙根本不守貞操、不守信用，違背「孚」（誠信）的精神，當然不可取。然而，一旦時空改變、人事變動，原本的承諾，不能不做合理的調整。此時雙方應該互信互諒、好好商量，怎麼可以用「一定」來否定「不一定」呢？貞或不貞，是重要的關鍵。唯有在誠信的前提之下，才有變「不對」為「對」，或者變「對」為「不對」的權利，並且獲得大家的諒解。

西方人腦筋轉不過來

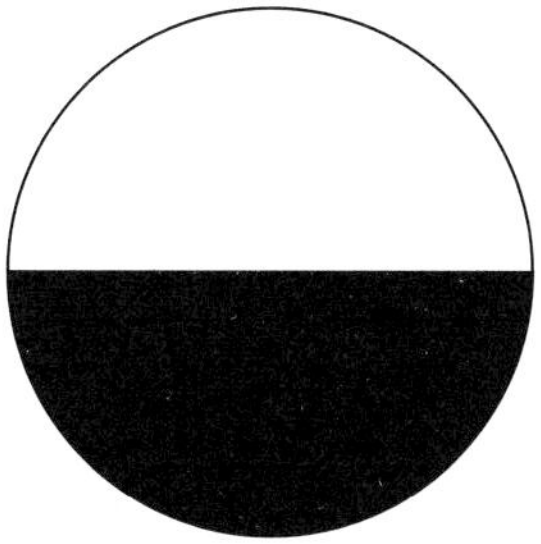

西方人說 Yes 就是 Yes，
說 No 就不會變成 Yes，
說 Yes 也不會變成 No，
如果不是這樣，
就是不守信用，
有欺騙的嫌疑。

中國人腦筋轉得過來

說可以未必可以，
說不行有時也可以變成行。
中國人絕對不欺騙，
卻知道直言不諱會吃大虧，
為了要把話說得妥當一些，
因此常拐彎抹角、含糊不清。

不要看成玩笑話，這是《易經》的思維在產生作用。

四、凡事皆由長久累積而成

以人為本，通情達理，誠信為先，可以化解疑惑。以「不一定」的方式，來達成「一定」的目標；用「不一定」的態度，來堅持「一定」的原則。充分持經達變，以求趨吉避凶。秉持元、亨、利、貞的一貫精神，自然天人合一、吉无不利。所以〈坤卦文言〉說：「積善之家必有餘慶，積不善之家必有餘殃。」特別以「履霜堅冰至」來描述由薄霜累積成堅冰的事實，提醒大家：凡事都有一定的過程，需要一段時間自然孕育而成。現代人盲目追求快、快、快，以致嚴重忽略了「積」的功夫，不願意耐心地累積經驗，但求一夕成名，快速致富，結果死得也很快，完全經不起挑戰。違反了自然孕育的法則，結果導致自作自受。「速食文化」是廿世紀的不良產物，一定要設法加以改變。

「自天祐之，吉无不利」這句話，在《易經》裡出現了五次之多。「自」指當事人自己，「天」即天道，也就是自然法則。自己行事憑良心，配合天道的自然法則，合起來稱為「天理良心」，便是「天人合一」，當然吉祥順利。大自然的現象，都是逐漸累積而成，並非突然間出現的。白天逐漸變成夜晚，黑暗逐漸轉為光明，大家才不致驚慌失措、束手無策。《易經》提出「幾」的概念，便是在「動之微」（十分細微，大家都不容易注意到的開端）的時候，就應該「見微知著」，預先做好萬全準備，以求及時做出合理的因應。

重視過程是《易經》的主要思維，按部就班、步步為營、一步一腳印、實事求是，時刻提高警覺，以防萬一。只要養成習慣，自然輕鬆愉快，並不會像現代人這樣，顯得緊張忙碌、勞累不堪。

盡人事	以	聽天命
過程是人力所能掌握的， 只要是自己應該做的 就要用心做好。 勿以善小而不為， 勿以惡小而為之。 盡心盡力， 怎麼還不報？		結果有風險性， 誰也料不定， 結果如何聽天由命。 天定也能夠勝人。 積善之家必有餘慶， 積不善之家必有餘殃。 不是不報而是時間未到。

可以推理，不能迷信。

五、以理象數說明宇宙人生

《易經》以太極為宇宙的本體，太極中含有陰、陽，叫做兩儀。陰陽互相交易產生變化，形成四象，複合成八卦，又相互重疊排列，組成六十四卦。八卦代表宇宙人生組成的要素，六十四卦則表示宇宙人生萬事萬物的現象、原理和法則。現象稱為「象」，原理便是「理」，而法則即為「數」。象數理的連鎖作用，即是透過象和數的變化，來推出其中所蘊含的道理。

卦象和爻象，很容易引發豐富的想像。天有天象、地有地理，而人當然也有面相、手相，以及形象，凡此種種都屬於「象」。每一卦每一爻，都隱含著陰陽奇偶的「數」。「象」就是現代所說的現象，「數」便是現代所說的數據。看到現象，最好也能找出數據，兩者互相參照推演，更有利於悟出其中的道理。

《易經》主張「合大於分」，把象、數、理合在一起，形成一貫的連鎖作用，因此重視通才，先通再專，然後由專而通，再由通而專，比較安全可靠。西方人倡導「分大於合」，過分重視專業性，造成很多「只知其一，不知其二」的專家，把原本整全的宇宙人生，分割得支離破碎。各自站在不同的立場，採取各自的觀點，實在很難面面俱到。一切有定數，原本如此，有什麼好爭論的？問題在於這個定數，是結果出來時，已經定下來的，無法加以改變，才叫做定數。在過程當中，若是加以調整，結果便會有所不同，也就是尚在未定之數。定數可以變成不定數，不定數決定之後，當然是定數。這種「一分為二，二合為一」的《易經》思維法則，是現代專業人士必須多多用心學習的。

象　人相、手相、天文、地理、形象，以及現象等等。

＋

數　各式各樣的數據，有數字的，也有非數字的。

↓

理　把象數合起來看，就能推出其中所蘊含的道理。

依理判斷，順理而行，合理就好。

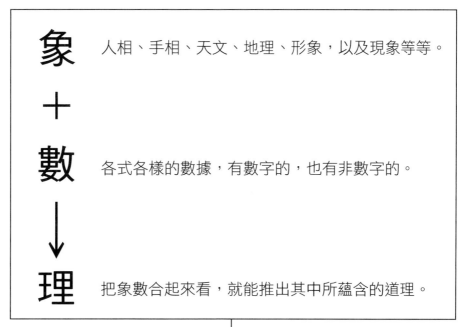

六、無所不包都以中道為要

《易經》內容博大精深，被譽為中華文化的本源，稱為「群經之始」，後來又列為「群經之首」，受到炎黃子孫的高度重視。

宇宙是多元的複合整體，我們也知道整體必然大於並優於部分相加的和。部分的性能不能決定整體的性能，但是整體的性能可以支配部分的性能。太極其大無外（大到太極之外，別無他物），其小無內（小到太極之內，容不下任何事物），這個系統，真的是大到無以復加。中華民族「差不多」的觀念，便因此產生。「差不多」的真意是「不能差太多」，不幸被曲解成「果然差太多」，以致遭受到很大的批判。其實我們一直到現代，仍然以「不能差太多」為合理。因此除了特定對象之外，要求「絕對吻合」實在不可能，也沒有必要。我國古聖先賢，以真知灼見，把宇宙萬事萬物，差不多都看清楚了，這才創造出無所不包的《易經》。用最簡單的陰（⚋）、陽（⚊）兩個符號，差不多代表了宇宙人生的所有變化。西方哲理持相反的方向，主張透過實證，由事物追求真理，結果把所有事物和道理都僵化了，缺乏原有的彈性。為求自圓其說，難免削足適履，既經不起時間的考驗，也應付不了接踵而來的變化。每隔一段時間，就被後來的主張所取代，成為不連續的主因。一部《易經》，差不多足以應付所有的變化，經得起時間的考驗。歷久彌新的主因，即在於彈性很大，說到差不多就不說了，留予後人很大的想像空間。一切錯綜複雜的現象，共同以「中」（合理）為標準，以求和而不同，大家輕鬆愉快地享受中道的樂趣！

中道就是良好的品管

偏道

上限

中道
- 可接受、可容忍，應該通過的限度。
- 「差不多」就是「不能差太多」。
- 「不能差太多」，表示剛剛好。
- 恰如其分，並沒有差太多。
- 有彈性，能求同存異，和合悅樂。

差不多（公差）

下限

偏道

我們的建議

1「犧牲奉獻」說多了，往往變成口頭禪。說得多、做得少，流於形式，甚至累積成為心中的怨恨不滿，非常不值得。不如說「成全」，比較出於真誠。這種炎黃子孫的美德來自《易經》，更應該傳承下去。彼此成全，共謀和平發展。

2卦爻辭並非鐵口直斷，而是用以警惕可能產生的結果。常言：「人生不如意事，十常八九。」但這是因為我們不明易理所造成的。爻辭吉多凶少，是重鼓勵、少指責的做法，極富人情味。提高人的責任，符合以人為本的原則。

3吉不一定吉，也可能變凶；凶未必凶，說不定會變吉。可見人的意志和用心，真的能夠心想事成。有人說中國人說話不算數，請從這方面多研究、多體會。我們說話的當下確實如此，然而後來出現變數，能怪誰呢？

4防微杜漸、棄惡積善，是吉凶的關鍵所在。我們「不以成敗論英雄」，便是「謀事在人，成事在天」的引申。「盡人事」把過程合理化，結果如何則「聽天命」而心安理得。成敗的因素很多，不能夠單憑成敗論英雄。

5由現象和數據，推出背後的道理，是象數理的連鎖作用。有些人故意隱瞞推理的過程，一下子說出推理的結果，顯得很神通。其實合情合理的推理，才更加值得我們信賴。把推理的過程說出來，豈不是更有公信力？

6中華文化屬於創始型，悟出真理，用以解釋萬事萬物；西方哲學屬於實証型，由萬事萬物歸納出真理。兩種不同的思維法則，各有所長，最好能彼此尊重。多用心領悟，有什麼不好？

《第二章》

中道思維
有什麼啟示？

面臨全球化與本土化的衝突時，
最好能用《易經》的和合精神加以化解。

效法天地自然來規範人事現象，
科技發展必須合理，才不致禍患無窮。

知幾察變，洞察現代科技的高度危險性，
以易理整體共存的思維，來尋求趨吉避凶的途徑。

現代人十分重視事業，普遍忽略品德修養，
最好立即從家教開始，全面加強倫理道德教育。

若是懷疑倫理道德是可以教的嗎？
請看現代各種亂象，真正有效的對策是什麼？

人類天生就有個別差異，要過多元化的生活，
在享受自主權之前，請先善盡自己的責任。

一、要具有彈性過合理生活

人應該具有相當彈性，才算得上是活人。天生萬物，各有其特性。牛有牛性，馬有馬性，最好不要加以改變。現代人弄得狗不看門、貓不抓老鼠，使動植物的本性大亂，又徒增許多不必要的彈性。然而，人類原有的個別差異卻反而被忽視，用統一的教材、一致的標準，扼殺了人類的彈性。應該給的不給，不應該給的給一堆，此舉並不符合中道（合理）的要求。

什麼叫做「合理」？答案是我們常說的「很難講」。但現代人往往不接受這種說法，指其為不負責任、沒有擔當的推託之詞。然而說明白、講清楚，還要十分明確，豈不是彈性盡失？公說公有理，婆說婆有理，原本是立場不同，看法便不一致。尊重各地的風土人情，在全球化的趨勢中，包容本土化的合理差異，應該是二十一世紀人類必須的修養。

全球化是太極，本土化則為陰陽的變化。若是全球化缺乏本土化的內涵，世界將會逐漸喪失多元化，而逐漸趨於滅亡；一旦本土化缺乏全球化的融合，當今資訊快速交流、情勢瞬息萬變的人類社會，勢將窮於應付而無法應變，造成很大的障礙。潛藏極度危險的戰爭危機，也將使人類瀕臨滅絕。

《易經》的和合精神，是二十一世紀人類的救星。和而不同，表示全球化包容本土化，本土化也尊重全球化。全體人類處於不同地區，各有不一樣的文化，都應該求同存異，以《易經》「一之多元」的原則，謀求和平發展共存共榮。

人人過合理的生活，才是大同小異的真正世界大同。彼此尊重、互助合作，保持應有的彈性，是值得我們共同追求的境界。

滿足人類的共同願望：過合理的生活

↑

大同小異的大同世界

↑

一之多元的原則，共存共榮

↑

易經的和合精神，是最合理的化解之道

↑

全球化是太極，本土化是太極內含陰陽的變化

↑

二十一世紀人類最大的挑戰：
全球化與本土化的衝突

合理不合理？若是站在人的立場，實在很難協調，往往流於「強權就是公理」，使得世界永無安寧之日。《易經》揭示效天法地的原則，可以共同借鏡、各自發揮。我們只有一個地球，東方人從東方看地球、西方人從西方看地球，看出來的結果，並不相同，形成東西文化的差異。往昔語言不通，各行其是，又各懷鬼胎，老想東方壓倒西方，或者西方壓倒東方。導致各種有形、無形的抗爭，最後落得兩敗俱傷。二十一世紀交流頻繁，語言的隔閡大幅降低，最好效天法地，由自然現象推及人事演變，共同順應自然規律，以體會做人做事的道理。人人自強不息，個個以品德修養為重，相信以人類的聰明才智，必能有效化解當前的困境，共同走出光明的未來。有人說八卦是無中生有的，既未能實証，又難以條理化地提出具體可行的方法。殊不知科學愈發達，愈證明人類已知的部分十分有限，而未知的部分卻似乎愈來愈多。實証並不是唯一的檢驗方式，能夠明確說出來的具體方法，也有其侷限性，很難全面有效。最要緊的，莫過於各憑良心，推己及人。把天地間陰陽兩儀和合中和的法則，應用到人與人的社會現象，並進一步明白天人互動、天人合一的精神。由自己做起，人類就有救了。若是科學家仍然執迷不悟，認為天災地變純屬自然現象，與人類的作為無關，那就呼救無門，只能坐以待斃了！

幸好現代科學家已經承認：科技發展必須受到相當的限制，以免禍患無窮。但願這良好的開始，能夠持續發揚光大，造福後代子孫。

二、效天法地人人自強不息

我們只有一個地球

同樣是在觀察地球，東、西方卻看出不一樣的結果。
不如效天法地，由自然現象推及人事問題，
各憑良心、推己及人，由自己做起，人類就有救了！

三、知幾察變以求趨吉避凶

人類文化的進展，大概都由原始的神話開始，產生宗教，以崇拜自然，約束人心；當宗教無法滿足人們對宇宙人生的好奇心時，這才出現哲學；當哲學還是滿足不了我們對宇宙人生的探索欲時，於是科學便應運而生。科學原本由哲學這位母親所誕生，不料長大以後，不但不承認這位母親，還認為哲學不過是科學的一部分，稱為科學的哲學。這種唯科學主義，已經成為一種宗教，掉入迷信的陷阱而不自知。二十一世紀的人類，應該運用《易經》知幾察變的方式，洞察現代科技的高度危險性。譬如核子武器的威力，足以毀滅現有人類；太空站的建立，可以完全控制地球；電腦與機器人，能夠不用人腦，也不用人力；試管嬰兒和遺傳工程，若是製造出一批高智商的人類，豈非又是一大亂源？以科技壓榨、侵略同一地球的人類，不過是促使世界早日變成廢墟、焦土而已！再強盛、再壯大，又有什麼意義或價值？

二十一世紀的人類，唯有以《易經》揭示的整體共存思維，來建設大同世界，才是趨吉避凶的良好途徑。乾卦上九爻辭：「亢龍有悔。」現代科技是不是已經到了這種地步？值得科學家深思。高科技產業，更是需要反省：企業之所以稱為「企業」，便是提醒大家要「棄業」，把原有的業障，利用經營的機會，逐一丟棄。不料企業卻成為追求業績的工具，是不是要增加自己的業障呢？其中的關鍵點，即在於能否真正對人類生活產生助益？還是只為新奇而創新、為增加收益而求新求變，不惜浪費資源、破壞環境，而又敗壞社會風氣呢？

共同追求趨吉避凶的良好途徑

↑

唯有運用《易經》的整體共存思維

↑

倘若無預警冒出來征服人類多麼危險！

↑

試管嬰兒及遺傳工程創造出高智商複製人

↑

電腦取代人腦，機器人取代自然人

↑

洞悉現代科技的高度危險性

↑

知幾察變

四・隨時警惕務求不失其正

我們既不贊成任何事情，也不反對任何事情。孔子讀易之後，提出「無可無不可」的主張，和〈繫辭下傳〉所說：「不可為典要，唯變所適」相呼應。人們不應該拘泥於定規，可依循適當的方式，不斷地變化。科學剛萌芽之際，十分謹慎守正，對人類生活有很大的助益。拜科學所賜，我們的文明得到良好的開展。但是環境污染、生態失衡、資源浪費、人倫危機、網路失控、道德墮落、邪教林立，莫不與科技發展相關。雖然科技與人文兼顧並重的呼聲此起彼落，可惜成效不彰。我們不可能反對科技持續發展，只能呼籲科學家憑良心，隨時提高警覺，務求不偏離中道。仁智並重、義利相濟，是現代人應共同遵守的法則。

教育界更應該確立以德為本的共識，認清教育是百年大計，不可能立竿見影，要求速效。所有問題，都可以遵循天理，順應人性，配合當地特性，做出合理的調整。更應該以「加強各級學校、家庭教育和社會教育的倫理道德」為前提，宣示決心並用心實踐。〈繫辭下傳〉說：「天下之動，貞夫一者也。」既然天下萬事萬物的一切活動，都必須堅守貞操而精誠專一，我們最好也能用倫理道德來貫穿所有的行業和活動，做到孔子所說的「一以貫之」。我們在生活上，不能不以金錢為工具，進行各種交易，但是不能為了金錢而出賣自己、親人、朋友，甚至於國家社會。現代社會經常充斥認錢不認人、要錢不要臉的亂象，甚至以「有好東西要和好朋友分享」為藉口，任意暴露自己的身體，有時父母還淪為幫凶，豈不可笑？

不偏離中道

↑

執中而不失其正

↑

隨時隨地保持高度警覺性

↑

社會上人人重視品德修養

↑

各級學校加強品德教育

↑

家庭以品德教養為主

↑

天下之動，貞夫一者也

五．以道德為根本不斷提升

科學家指出，二十世紀以前，人類只能夠無意識地演化。二十一世紀以後，人類進入一個嶄新的階段，可以有意識地演化。換句話說，二十世紀以前，「心想事成」只能當做祝願語；二十一世紀之後，心想事成可以變成敘述語。

上天賦予人類創造性和自主性，原本寄望人類能夠在天理良心的維繫上，做好「贊天地之化育」的工作。不料人類有了一些表現之後，把謙卦（䷎）的道理，忘得一乾二淨。口口聲聲，要征服自然、要人定勝天。上天乾脆鬆綁一些，用「自作自受」來放手讓人類「心想事成」；當人們對「乾道成男，坤道成女」也有所懷疑時，上天再放手讓同性戀伴侶的婚姻合法化。男人只愛男人，女人只愛女人的現象，實際上在警告我們：愈來愈多的夫婦，不能互有感應，難以感情融洽。陰陽不能合其德，自然就很難化而為一。男性的聲音，逐漸高亢；女性的聲音，日趨低沉。中性化時代來臨，女人不像女人，男人也普遍缺乏男子氣概。男性的精子大幅減少，很多動植物正逐漸消失中。上天用這樣的「心想事成」，來促使人類自我反省：能不能將「積善之家必有餘慶、積惡之家必有餘殃」的古訓銘刻於心，人人以道德為根本，落實「心易」（用心改善自己的言行）的功能？人類想要自救，必須謹記「求神不如求人，求人不如求己」。每個人都由自己做起，透過各種活動，在日常生活當中，不斷加強自己的品德修養，使自己能向上（善）提升，才是最有效的方法。

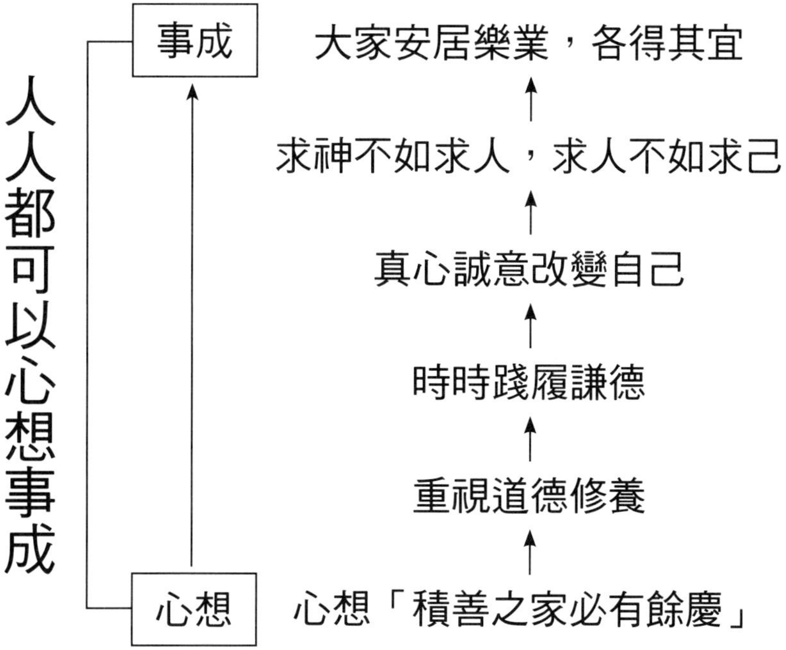
人人都可以心想事成
事成
大家安居樂業，各得其宜
求神不如求人，求人不如求己
真心誠意改變自己
時時踐履謙德
重視道德修養
心想
心想「積善之家必有餘慶」

六、多元化生活方式最合理

天生人類，各有不同的膚色、體型和面貌，便是暗示人類：可以依據不同的需要，過著不一樣的生活。並不是「只要我喜歡，有什麼不可以？」而是「只要合理，就沒有什麼不可以。」鄉村有鄉村的生活方式，都市有都市的生活步調，各有所安，而又各得其樂，這才合乎自然法則。

現代經常有人鼓吹：「鄉村都市化、都市鄉村化」，還自以為聰明。住的地方和工作的場所要隔開來，弄得大家疲於奔命，不但妻離子散，又增加許多交通成本。既然各地的景色不一樣，就應該配合當地的資源，發展出不同的特色。多元化發展，豈不是多彩多姿？為什麼一定要盲目地向他人學習，導致喪失了自己的特性，而且又學不像別人呢？自古以來，農不可與商較利、貧不可與富較財，難道我們真的能夠加以改變嗎？

太極是「一」，然而大太極、小太極，千千萬萬的太極，也都是「一」。可見「一」可以變「多」，才叫做「一之多元」。人類要重視仁義道德，這是一致的，但是只要不違背這個大道理，要過什麼樣的生活？應該過哪一種生活？則是多元的選擇，不可能也不必求其一致。富人有富人的樂趣，也一定有其提心吊膽的憂慮；窮人有窮人的苦難，也必然有其問心無愧的坦然。站的人看坐的人舒服；坐著的人卻認為站著的人比較自由。在職怨職，原本沒有必要，不幸卻相當普遍。只要共同維護倫理道德，要過什麼樣的生活，應該是我們每個人的自由選擇。但是不要忘記：要享受這樣的權益之前，必須先以道德為根本，善盡一己的責任。

生活的方式：多元化，多采多姿

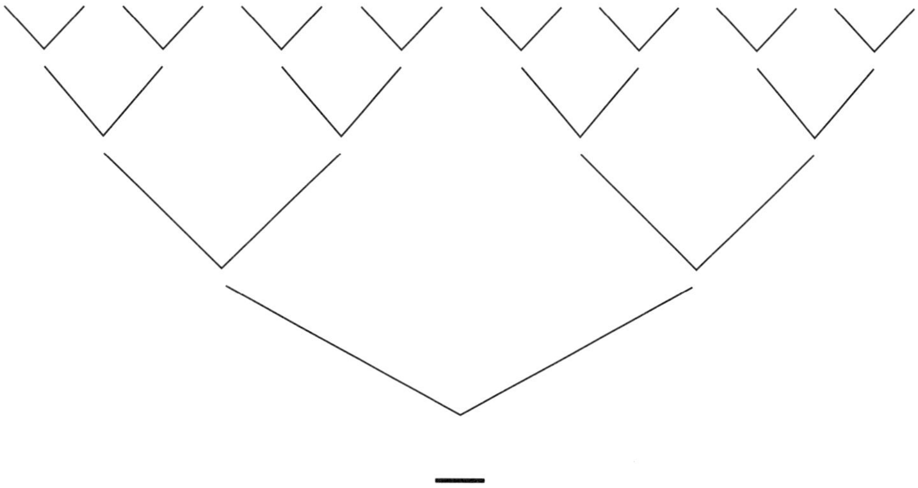

生活的法則：只能一，不能變

我們的建議

1 過合理生活，應該是人類的共同要求。合理不合理，真的很難說。全球化與本土化的協調或衝突，正考驗著現代人是否具有彈性，能不能求同存異、共存共榮？

2 我們只有一個地球，倘若大家都能夠效天法地，找出共同的效法對象，加上人人自強不息，各自發揮頂天立地的犧牲奉獻精神，由自己做起，少去管別人，相信天人合一的榮景，很快就會在人間實現，世界大同也指日可待。

3 現代科技，是否已經到了「亢龍有悔」的地步？值得大家深思。萬一人類毀滅於現代科技，是什麼樣的自作自受呢？絕大多數的無辜百姓，被少數不憑良心的科學家拖累，究竟是誰的過錯？又該如何挽回這樣的危機呢？

4 《易經》的卦爻辭，大多在提醒我們：隨時隨地提高警覺，不要失正而偏離正道。我們常罵人：「太離譜」，即是看到「離經叛道」的言行舉止，讓我們覺得很不舒服，才想罵人來消氣。

5 六十四卦的〈大象傳〉，都是君子進德修業的行為準則。人類應當效法天德，以培養高尚的品格。只要人人重視道德修養，很多看似複雜難解的問題，相信都能夠迎刃而解。

6 人類共營多元化的生活方式，最合乎天理，也最順應人性。一之多元，表示生活的法則人人相同，但生活的方式則可各取所需、各安其宜。現代人盲目求其一致，實在不可能也不必要。

《第三章》

合理標準
是固定的嗎？

合理不合理？很難講，看你怎麼講！
「中」不是固定的，至少有三種型態，循環往復。

一分法、二分法和三分法，都經常出現，
分別代表未發的中、既定的中，和已發的中。

表面上看起來，一分法根本沒有是非，
實際上只要運用得當，也有存在的必要。

二分法是非分明，最容易僵化，
現代人要小心自己的腦筋已經轉不過來。

是非難明，人的認知判斷力有限，
不如謹慎小心，利用三分法來仔細盤算。

《易經》的思維，則是將三種思維方法靈活運用，
用三分法思慮，二分法抉擇，一分法執行。

一、中有三種形態循環往復

「中」是現代所說的「合理」，「中道」表示「合理化的途徑」，「時中」代表「無時無刻，事事都合理」的「中庸」。《易經》的中道思維，主旨在促進人類的合理生活。然而，合理不合理？很難講，接下去還有兩句話——「看你怎麼講？」因為立場不同，角度不一樣，看法便不相同；「隨便你講」，意思是怎麼講怎麼對，卻也怎麼講怎麼不對，好像沒有固定的答案，因為「不可為典要，唯變所適」。這不是很麻煩嗎？讓人摸不著頭緒，究竟怎樣才是合理？

「中」有三種型態，一是「未發的中」，二為「已發的中」，另外還有「既定的中」。最好分辨清楚，先把道理釐清。

「未發的中」，表示情況尚未明朗，還處於混沌狀態。說得坦白一些，便是各種利害關係，都還看不清楚。大家心裡喜怒哀樂的情感，都尚未發動。此刻的心是平靜的，既沒有成見，也沒有歧見、偏見，當然是合理的，不致引發紛亂。

「已發的中」，則是情況逐漸明朗，有些人看這樣，有些人看那樣。一方面固然由於仁者見仁，智者見智，難免有不同見解。然而私心作祟，成見、偏見導致分歧，也是常見的現象。必須用「和不和」來判斷，「和」即「中」，「不和」便「不中」。我們常說「和為貴」，便是合理的致中和，非常珍貴。

「既定的中」，是經過協調，由妥協而產生的合理。人群之中，有不同的主張。必須好好商量，尋求此時此地，大家都「雖不滿意，尚能接受」的合理點。既定的定，也有不同的方式，同樣必須由當時當地的人，視情況而定。

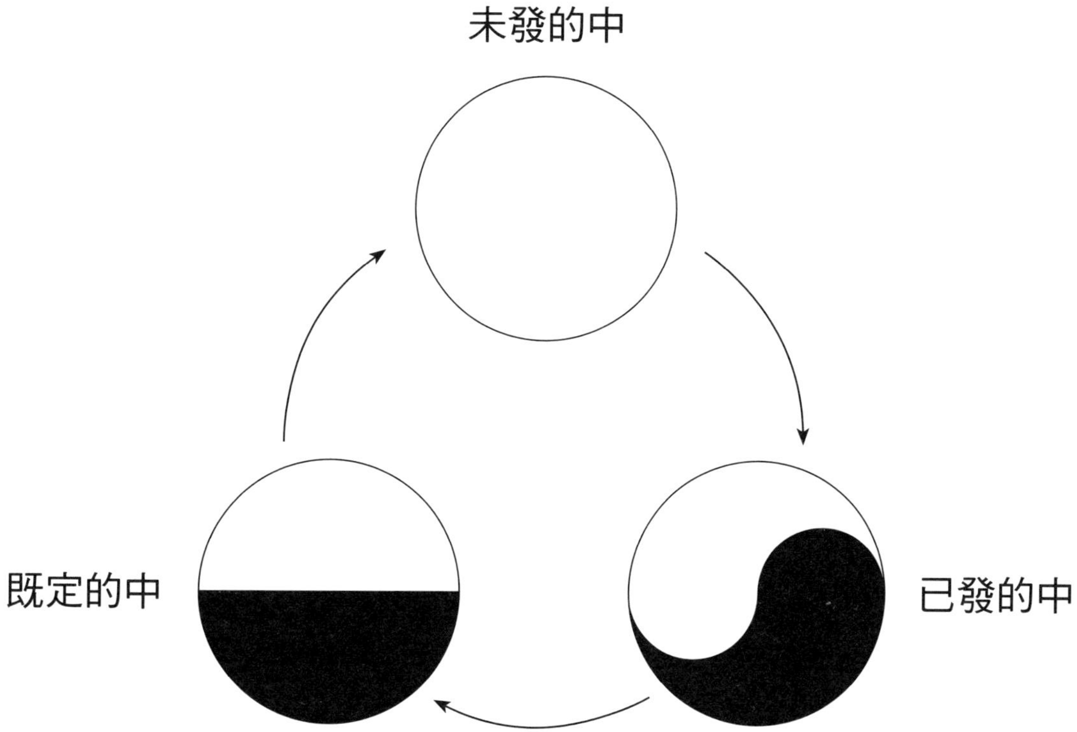
未發的中
既定的中
已發的中

二、三種思維方式靈活運用

「未發的中」、「已發的中」和「既定的中」，影響到人們的思維，產生三種不同的思維方式，分別為「一分法」、「二分法」、「三分法」。在日常生活當中，隨時可見，實在十分有趣。

「一分法」代表「未發的中」，凡是看到了或聽見了，不分青紅皂白，也不經過思慮，便貿然採取「相信」或「不相信」的態度。一概相信或是一概不相信，都屬於一分法的思維。

「二分法」表示「既定的中」，凡是看到了或聽見了，都經過仔細的思慮，然後才採取「相信」或「不相信」的態度。和一分法最明顯的差異，即在一分法不必思慮，而二分法必須經過思慮。把一分法的「信者恆信，不信者恆不信」現象，改變為「相信的人，可能會不相信；而不相信的人，經過仔細考慮後，也可能變成相信」。但是，不管怎麼樣，決定之後，都成為既定的中，不再改變。

「三分法」的情況，比較複雜，也更加捉摸不定。不管看見或聽到什麼，既不會相信，也不會不相信。一分法好像沒有是非，二分法似乎是非分明，三分法則十分高明，知道一切都還會變，急什麼？為什麼要這麼快下判斷、做決定？何況是非難明，憑自己的實力，能不能正確分辨是非？實在沒有把握。不如再等一等，看看有什麼後續變化，再決定信或不信，豈不是更為合理也更加安全。

問問自己屬於哪一種思維方式？是一分法？二分法？三分法？還是三種都有？《易經》的思維方式，又是哪一種？把這些問題想清楚，對於瞭解自己、瞭解中華民族，都會產生很大的助益。

一分法

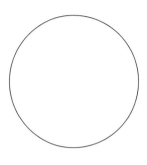

看到了或聽見了，就相信；
看到了或聽見了，都不相信。
看起來一正一反，
其實都是一分法。

二分法

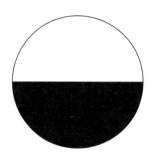

看到了或聽見了，
經過仔細思慮，
才決定相信或不相信。
這是標準的二分法。

三分法

看到了或聽見了，
既不會相信，也不會不相信。
採取看著辨的態度，
即為三分法。

三。一分法適用於三種狀況

乍看之下，「一分法」好像十分愚昧，簡直沒有是非。實際上，這是因為我們用錯了，而不是「一分法」的思維方式不能用。

《中庸》說：「喜怒哀樂之未發，謂之中。」只要內心平靜，能夠不表示意見，就不需言明。反正說了也沒有什麼用，說跟不說並沒有兩樣。相信或不相信，都不致產生影響。倘若一定要表態，那就只好看是誰說的。我們常常聽到一句話，就趕緊問：「是誰說的？」然後根據這句話是什麼人說的，來判定相信或不相信。說穿了：在中國社會，如果搞不清楚這句話是誰說的，怎麼敢表示相信或不相信呢？

當情勢緊張，炮口一致對外時，不立刻表態相信或不相信，難道還可以考慮嗎？集體意識、團隊精神，這時候不表現，更待何時？大是非之下，不容許有小是非，不是嗎？遇到好領導，平日關愛備至，這樣的領導，十分難得。自己有幸遇到了，對於領導的指示，能夠不相信嗎？豈容直言：「讓我想想看」嗎？我們可以當眾表態支持，私底下再利用機會，向領導據理力爭。無論如何，也不應該當眾表示異議。我們常看到馬屁精就討厭，但事實上所見不一定為真。

還有，父母至親，即使做錯事，難道我們可以當著他人的面前，表示相信或不相信嗎？父為子隱、子為父隱，是孔子認可的人情味，難道一點道理都沒有嗎？自古以來，國法人情難論，何況是親情？子女出面檢舉父母，除非是賣國的漢奸，否則人家會怎麼評論呢？大義滅親，當然是必要的。如果談不上大義，又該怎麼辦呢？請憑良心判斷吧！

一分法

未發的中

- 實在沒有能力，也沒有辦法判斷是非。
  倘若非表態不可，只好看是什麼人說的，
  由「誰說的」來判定相信與否，不然怎麼辦呢？
- 情勢緊張、一致對外時，
  必須表現高度團隊精神，
  這時大是非當前，不該有小是非才對。
- 有幸遇到好領導，平日關愛備至。
  我們只能私底下據理力爭，
  當著他人面前，只好唯唯諾諾。
- 父為子隱、子為父隱。
  當親情和法律互相衝突之際，
  國法人情難論，我們能怎麼辦？

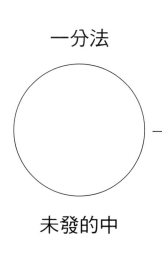

四•二分法最容易僵化刻板

現代人所受的教育，最容易掉入「二分法」的陷阱而無法跳脫。是非分明，卻不知道自己的認知能力相當有限、判斷能力十分薄弱、選擇能力也很缺乏。冒然判定是非，是不是太魯莽也太不負責任了？完全無視於「慎斷是非」的古訓。六十四卦當中，只有乾為純陽卦、坤是純陰卦，其餘六十二卦，都是有陰有陽，交錯組成。可見世間的是非，大多是相對的，很少是絕對的。用「不是對就是錯」來判斷「不對就是錯」的二分法思維，實在十分幼稚。

瞭解較深的人，反而比較有顧慮，深怕思慮得不夠周全，因此論及是非時，顯得比較保守；知道得不多的人，了不起只知道一部分，便以偏概全，以為自己全都明白，說起是非來，更是「沒有人比我更清楚」地一派胡言。言論自由導致沒有公義，實際上是二分法教育所造成。不懂的人比真正懂的人還要霸道，也形成劣幣驅逐良幣的現象。真理看似愈辯愈明，其實只是大家習於「少數服從多數」的偏道現象。陰卦多陽，而陽卦多陰，物以稀為貴，怎麼可以強調「少數服從多數」？按理說，應該是要「多數的一般人服從少數的聖賢」才對。二分法已經害慘了西方人，現在又來荼毒中國人，實在令人憂心不已！

二分法應該是結果，而不是過程。用三分法思慮、以二分法判斷，比較合理。看到或聽見時，立即做出反應——此舉不是下賭注，就是既專橫又武斷。現代人又將「快、快、快」掛在嘴邊，果然死得更快！還有很多人不明究竟，死得不明不白，實在很可憐，但這卻是無法同情的自作自受。

二分法

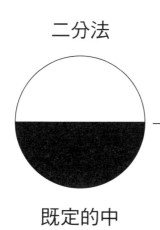

既定的中

二分法應該是三分法思維之後，所獲得的結果。
慎斷是非、詳加考慮，最後才做出是非的判斷。

現代教育，老師為了批改作業、評定分數的方便，
考選擇題、是非題，使學生迅速陷入二分法思維。

我們的認知能力不足、判斷能力薄弱，
選擇能力也很差，怎麼能夠快速評斷是非呢？

言論自由，導致社會缺乏公義，
是二分法造成的流弊。

「少數服從多數」的作法，
實際上遠不如「多數一般人服從少數的聖賢」。

五．三分法要包容其餘兩種

西方人「一畫開天」，結果畫出了一條水平線。然而請大家到海邊看看，便能知道海並非平面，而是弧面。西方人把水平線畫成直線，認定兩點之間，直線最短，殊不知，這就掉入了二分法的陷阱中而難以自拔。伏羲氏畫卦，指出陰中有陽、陽中有陰。太極線並非直線，而是弧形。炎黃子孫「差不多」的觀念，應該就是三分法的產物。現代科學家承認科學只能接近真理，這一條漸進線，其實也隱含有「差不多」的意思。不差太多，在可以接受的公差範圍內，便是「差不多」，屬於合格範圍。有些人喜歡說「男人百分百」，卻不知道物極必反，這樣的男人就快要變成女人了。

三分法包含一分法和二分法，因為《易經》主張「唯變所適」。應該用三分法時，就採用三分法；用二分法比較合理時，當然用二分法；非常時期，一分法最妥當，用又何妨？無所不包，具有廣大的包容性，才合乎中道的思維。

最佳對策，便是遇到任何事情時，先運用三分法。即使心中有數，只要時間許可，仍然要多方思慮。設想周全，總歸比較妥當。有了比較可靠的答案，然後用二分法表達，大家才聽得懂。否則扯來扯去、含糊不清，而且舉棋不定，說了等於沒有說，不是急煞人，便是浪費時間。大家若是同意，就表示得乎其中，才會這樣和諧，然後就能共同採取一分法予以執行。抱持「已經決定的事情，照著去做就是」的心態，同心協力，執行力才會強。用三分法做計畫、二分法做決定、一分法執行。三分法隨機應變，以求制宜，應該是「發而皆中節」的最好註解，大家不妨在日常生活中實際運用看看。

三分法

已發的中

是非難明，所以難斷。謹慎小心，務求慎斷是非。
凡事三思而行，至少也要再想一想、反過來看。

深思熟慮之後，必須做出明確的判斷。
三分法變成二分法，大家才聽得明白，知所遵循。

二分法是三分法的成果，
三分法是產生二分法成果的必經過程。

大家都同意，表示慎斷是非的效果，十分良好。
用一分法來執行，才能同心協力，確實貫徹。

一分法的執行力最強，
但要運用在合理的時機點。

六．易經思維重視追求時中

〈乾卦文言〉說：「利者義之和也。」明辨是非的目的，在求互利互惠。要避免爭端，就應該合理。才能夠一團和氣，大家都樂於接受。「義」是適宜的意義，「對不對？」是一回事，「適宜不適宜？」有時候又是另外一回事。因為各人的立場不同，需求不一致。單憑對或不對，往往並不適宜。

《易經》的中道思維，以「時中」為目標，企求時時都合理。我們以三分法為元始的出發點，即為「元」；以二分法表達，務求溝通良好，便是「亨」；執行時採一分法，最能保持「利貞」；事情告一段落後，恢復三分法，便是「貞下起元」，表示另一階段的開始。我們說「人生是階段性的調整」，即指每一階段完成，就應該回歸原點，重新做好周詳的思慮，擬訂妥當可行的計畫，小心地下定決心做出合理的決策，然後據以實施。每一階段，都有不同的人事地物，也就是各有不同的變數。不應該完全憑經驗，也不應該只為了求新求變，而不顧慮基本原則。因此持經達變，成為中華兒女最擅長的應變模式，用來追求時中，也是十分有效的途徑。

「經」指自然法則，不可改變，是「不易」的執著；「變」即權宜應變，為「變易」的不執著。兼顧「不易」的「經」，因應各種內外的變數，尋求「變易」的措施，以求制宜。古聖先賢倡導「變通」而不主張「求新求變」，實在是唯恐大家「不變則已，一變就會亂變」，因此做出預防性的警戒。西方人不善變，當然可以高喊「求新求變」。因為二分法長久箍住西方人的腦袋，總是變不到哪裡去，因此很容易認為「新」就代表「好」。

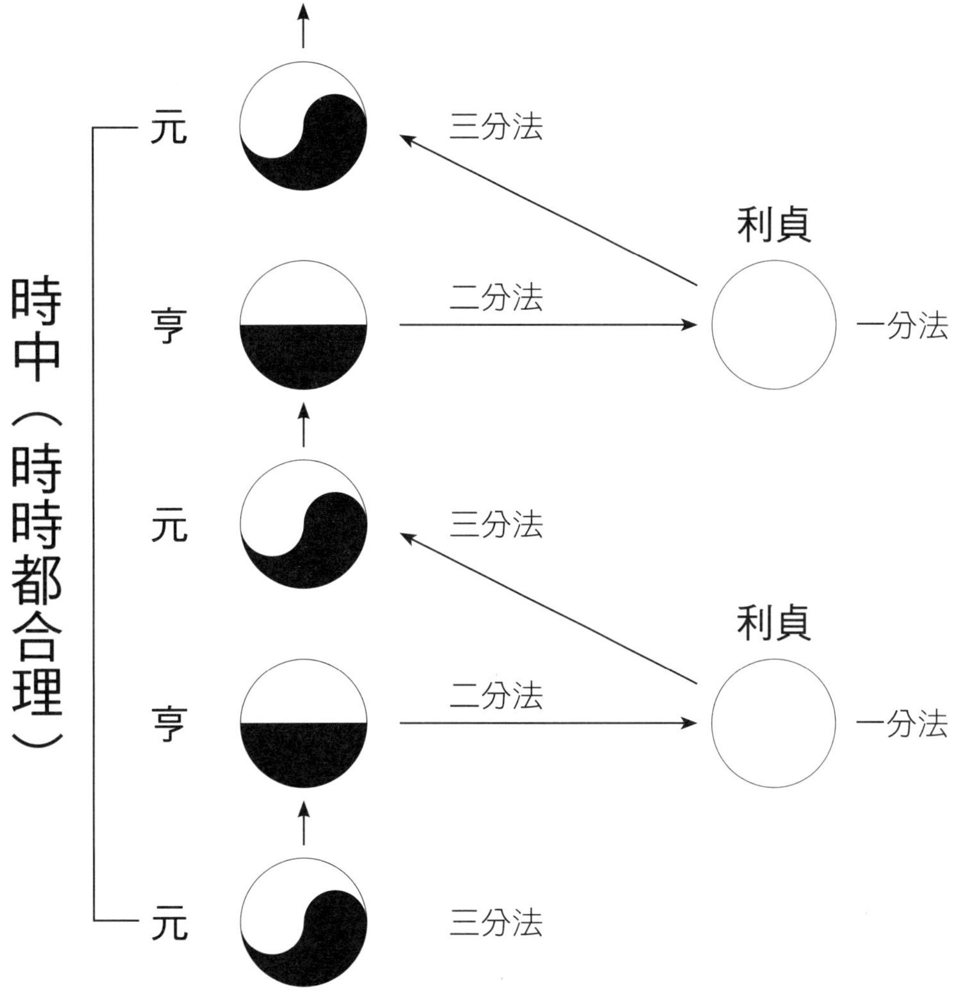
時中（時時都合理）
元
亨
元
亨
元
三分法
二分法
三分法
二分法
三分法
利貞
一分法
利貞
一分法

我們的建議

1 合理不合理？真的很難講。各人的立場不一樣，只好看你怎麼講？公說公有理，婆說婆有理，隨便你講。反正言者諄諄，聽者藐藐。該怎麼做？到時候再說。很多人不明白這種思維的道理所在，當然很難適應。

2 思維方式，可以大致分為「一分法」、「二分法」、「三分法」三種。最好融合並用，以求因時、因地、因人、因事而制宜。對於某些冥頑不靈的人，只好以一分法來對應。生氣？氣死活該！

3 要瞭解一個人，最好先瞭解他的思維方式。現代人大多偏重二分法，又武斷地認為大家都應該如此，以致常常溝而不通，造成很多不必要的誤解，實在很冤枉。

4 研讀《易經》，最好採取三分法的思維，例如看到泰卦時，不要相信，也不要不相信，反正走著瞧、看著辦。只有謹慎小心，隨時提高警覺，步步為營，才是最妥當也最合宜的態度。

5 有人見微知著，預先做好三分法的思慮。等待事態嚴重，大家熱烈討論時，這才胸有成竹地，做出二分法的宣示，表現出高明的才能；有人則凡事立即反應，當下顯得十分聰明。這兩種現象，情況完全不同，務必慎為分辨。

6 是非難明，是每一個人應該尊重的事實。「時過境遷」這句話，意在提醒大家要做好階段性的合理調整。每個階段完成後，就必須回歸原點，以求不斷改善。日新又新，每一天都表現得更為良善。

《第四章》

怎麼看待
泰卦和否卦？

從卦象來看，泰卦上下相交，所以三陽開泰；
否卦天地不交，不通即痛，因此顯得窒礙難行。

泰卦和否卦，既相綜又互錯，關係十分密切，
由泰入否易，但想要否極泰來，實在十分遙遠。

泰否二卦，可以透過爻之的變化，成為六個卦，
表示六十四卦，實際上都互有關聯，密不可分。

要以人力加速否極泰來，不能空坐等待，
漸變或階段性的轉變，都是可行的方式。

由否轉益，再由益轉損，然後到達泰，
可見損益和泰否，具有十分密切的關係。

損其當損，益其應益，方才合乎自然規律，
君子和小人，應該良性互動，不必爭得你死我活。

一、物的德性重於物的形質

《易經》所重視的，是物的德性，也就是物在宇宙整體之中，所貢獻的價值。以上述觀點而論，泰卦（䷊）乾下坤上，從宇宙整體來看，天（乾）是陽氣，要上升才有動的作用；地（坤）為陰氣，應該下降才算動得合理。現在陽（乾）在下，向上升起；陰（坤）在上，向下降落，於是陰陽交易，天地交泰。由於卦象三陰居上，三陽在下，所以通稱「三陽開泰」。

否ㄆㄧˇ卦（䷋）坤下乾上，天（乾）的陽氣向上升起，地（坤）的陰氣向下降落。陽在上愈升愈向上，陰在下愈降愈向下，於是陰陽不交易，上下不相交，當然否ㄆㄧˇ。就人事現象來看，居上位者高高在上，完全不理會基層人員的心聲。基層人員忍氣吞聲，心知肚明說什麼都沒有用。這樣一來，上情不能下達，下情難以上達，上下不能溝通，怎麼可能不否ㄆㄧˇ呢？「否ㄆㄧˇ」代表不通，不通就會痛。「否ㄈㄡˇ」表示否定，彼此互相否定，當然不可能通泰。

倘若居上位者能夠放下身段、擺低姿態，對基層人員關愛又看重；基層人員自己爭氣，而且敢於據理力爭，於是上情下達、下情上達，都十分暢通有效，自然能夠通而不痛。上下同心協力，結合成為強而有力的組織體。

否ㄆㄧˇ卦（䷋）陽剛（☰）居外，而陰柔（☷）居內，表示對他人刻薄、對自己寬厚，終久眾叛親離，危害了自己。泰卦（䷊）陽剛（☰）居內，柔（☷）居外，符合寬以待人、嚴以律己的道理，自然人我溝通良好，萬事通泰。從卦的形象當中，可以看出很多道理，因此我們必須運用三分法，用心觀象，才容易有所得。

泰

11

（乾下坤上）

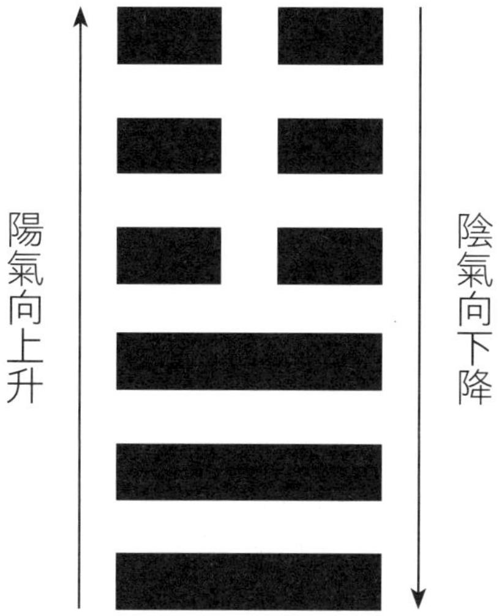

（乾下坤上）

天地交泰。

否ㄆㄧˇ

12

（坤下乾上）

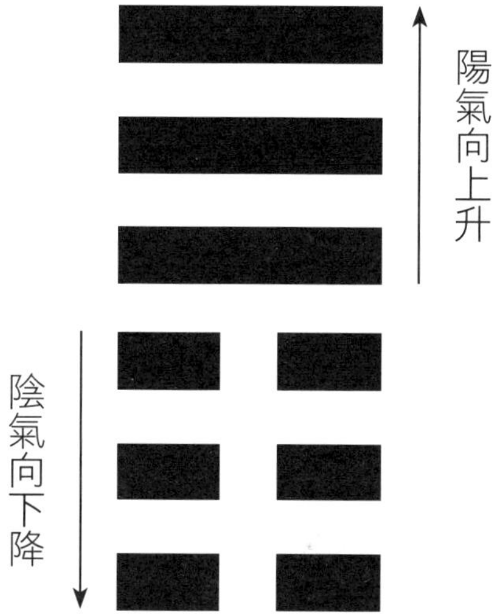

（坤下乾上）

天地不交，否ㄆㄧˇ。

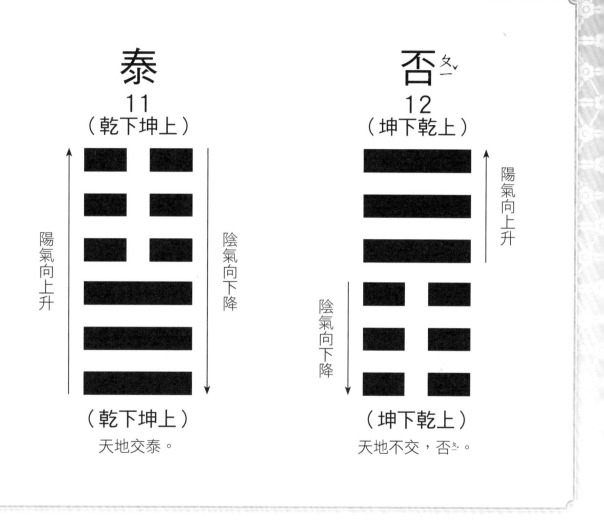

二、泰否兩卦既相綜又互錯

宇宙間一切事物，大多互相對待。泰卦（䷊）和否卦（䷋），就是很明顯的案例。既正反相綜，又旁通交錯。把泰卦六爻，顛倒過來看，剛好是否卦。泰否兩卦，可以稱為返卦或覆卦。由於〈繫辭上傳〉指出：「錯綜其數。」後來就把這種正反相綜的兩個卦，叫做「綜卦」。譬如既濟（䷾）和未濟（䷿），剝（䷖）和復（䷗），損（䷨）和益（䷩）都是綜卦。

將泰卦六爻，和否卦六爻，完全交換。陽爻變成陰爻，陰爻變成陽爻，於是泰卦變成否卦，而否卦也變成泰卦。這種旁通互錯的情形，稱為「錯卦」。譬如乾（䷀）和坤（䷁），剝（䷖）和夬（䷪），兌（䷹）和艮（䷳），損（䷨）和咸（䷞），益（䷩）和恆（䷟），既濟（䷾）和未濟（䷿），這些都互為錯卦。

有些卦既相綜又相錯，譬如泰（䷊）和否（䷋），既濟（䷾）和未濟（䷿），表示兩卦的關係更加密切。

從卦序看，泰卦列第十一卦，否卦為第十二卦，表示由泰入否，從通泰到阻塞，只是一瞬間，十分容易。倘若由否到泰，則費時甚久，必須從第十二卦走到第六十四卦，再周而復始，由未濟卦走到泰卦，總共要走六十三卦，所以「否極泰來」可說是既費時又沒有把握，因為否、否、否，還沒有轉泰，等待者很可能已經往生了！中國人普遍不喜歡等，常覺得等久了會死，應該和否極泰來有關。

通泰和阻塞的關係，和既濟與未濟十分相似。泰和既濟，都很容易得意忘形，轉瞬變成否和未濟。要想反轉過來，路途都十分遙遠，需要極大的耐力。

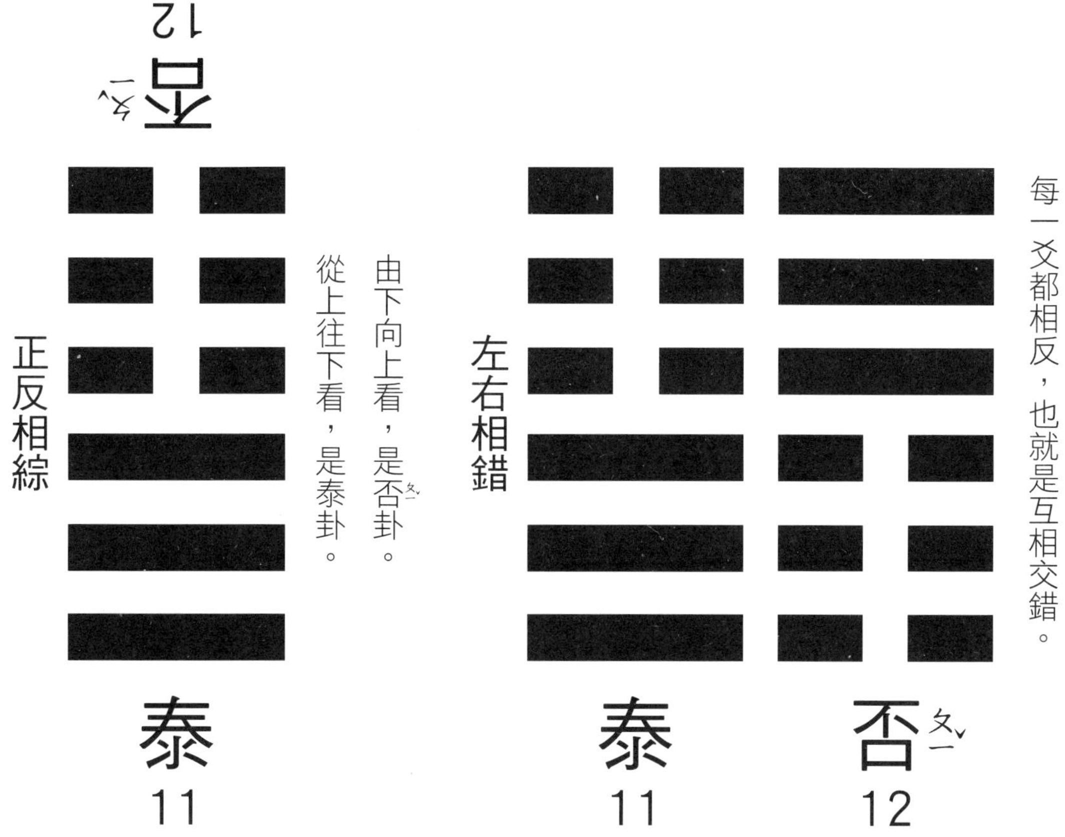
每一爻都相反，也就是互相交錯。
否ㄆㄧˇ
12
泰
11
左右相錯
由下向上看，是否ㄆㄧˇ卦。
從上往下看，是泰卦。
正反相綜
泰
11
否ㄆㄧˇ
12

三．泰否爻之可以變成六卦

一卦之中，下卦不當位的爻，可以上升到上卦的相應爻位。譬如初爻升到四爻，二爻升為五爻，三爻升到上爻。由於斜行有如「之」字的形狀，所以稱為「爻之」。同理，上卦不當位的爻，也可以下降到下卦的相應爻位。在本卦的範圍內，進行爻變。通常生出的新卦，也都有所關聯。

泰卦（䷊）的二爻之五爻，成為既濟（䷾），原來不當位的二、五兩爻，都變成當位。六爻都當位，便成為既濟；初爻之四爻，成為恆卦（䷟）；三爻之上爻，即成為損卦（䷨）。否卦（䷋）的二爻之五爻，變成未濟（䷿），不當位的爻，爻之後仍然不當位，所以未濟；初爻之四爻，成為益卦（䷩）；三爻之上爻，即變成咸卦（䷞）。〈雜卦傳〉說：「否泰反其類也。」意思是否卦象徵否閉、阻塞，泰卦象徵通泰、順暢，兩者剛好相反，屬於不同的事類。泰卦爻之，成為損卦。損卦（䷨）二爻之五爻，便成為益卦。益卦（䷩）初爻之四爻，即為否卦。否卦反成益卦，益卦反成損卦，損卦反成泰卦。這當中有什麼特殊的意義，請讀者先想想看。

由於上述的爻之，我們知道：既濟、未濟、咸、恆、損、益六卦，都由泰否兩卦所轉變而成。我們也已經明白：乾卦的二、五兩爻，和坤卦的二、五兩爻，進行交易，形成坎卦（䷜）和離卦（䷝）。而坎、離的上下不同組合，又構成既濟和未濟。我們常說「牽一髮而動全身」，從以上所說的種種關聯現象，應該可以看出六十四卦的每一卦，實際上都和其餘各卦息息相關，真正構成密不可分的整全系統。

卦爻的變化

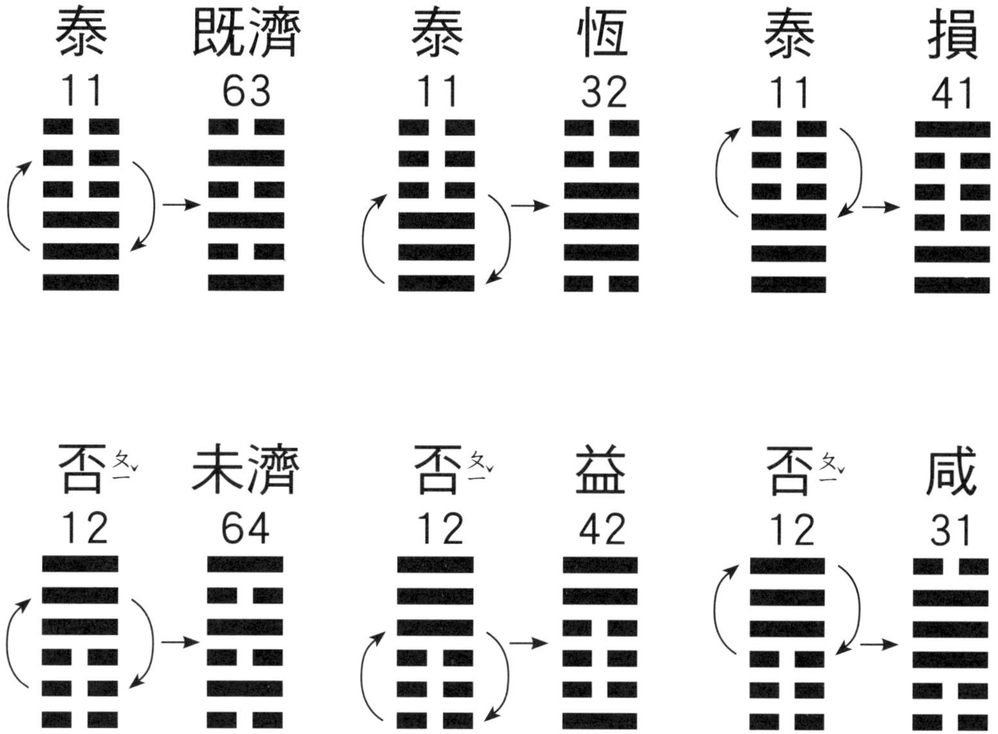

四、漸變促使否卦變成泰卦

否卦變泰，既然是大家共同期待的目標，我們就不能夠坐著不動，等待否極泰來，否則就是不盡力、不用心、對不起自己。如果想要以人力加速否極泰來，有一種漸變的方式，可以自行調整，嘗試著施行。首先，我們分析否的主要原因，在內柔外剛，對自己過分放縱，對別人卻十分嚴苛。我們可以考慮，先把否卦（䷋）的外卦，由剛轉柔。外卦由四、五、上爻組成，調整的時候，由最下的四爻開始，逐漸向上調。於是否卦（䷋）先變成觀卦（䷓），再變成剝卦（䷖），終於變成坤卦（䷁），完成第一階段的調整。接著把轉變而成的坤卦，內卦由柔轉化成為剛健。於是坤卦（䷁）先變為復卦（䷗），再變成臨卦（䷒），終於變成泰卦（䷊）。《易經》所重視的交易，其實是剛柔互變。而交易的必要性，則是遇到險阻，為了求改善，才做出必要的交易。這是《易經》「既濟定位」的要求，符合「不可不變，也不可亂變」的「貞」。我們以乾、坤為例，乾卦六爻當中，二、四、上三爻不正，也就是不當位。坤卦六爻，同樣初、三、五三爻不正，不當位。倘若將乾二爻與坤五爻，乾四爻與坤初爻，乾上爻與坤三爻，互相交易，那麼乾、坤兩卦都變成既濟卦，六爻都當位，剛柔俱正，合乎「貞」的要求，就叫做「既濟定位」。現在否變到坤，外卦調整妥當，先改善自己對外的關係。再由坤變到泰，內卦也調整妥當，以求內健外順，也就是內方外圓，時時有原則地應變，以求制宜。以漸變加速否極泰來，當然很愉快。

以人力促使「否ㄆㄧˇ」漸變為「泰」

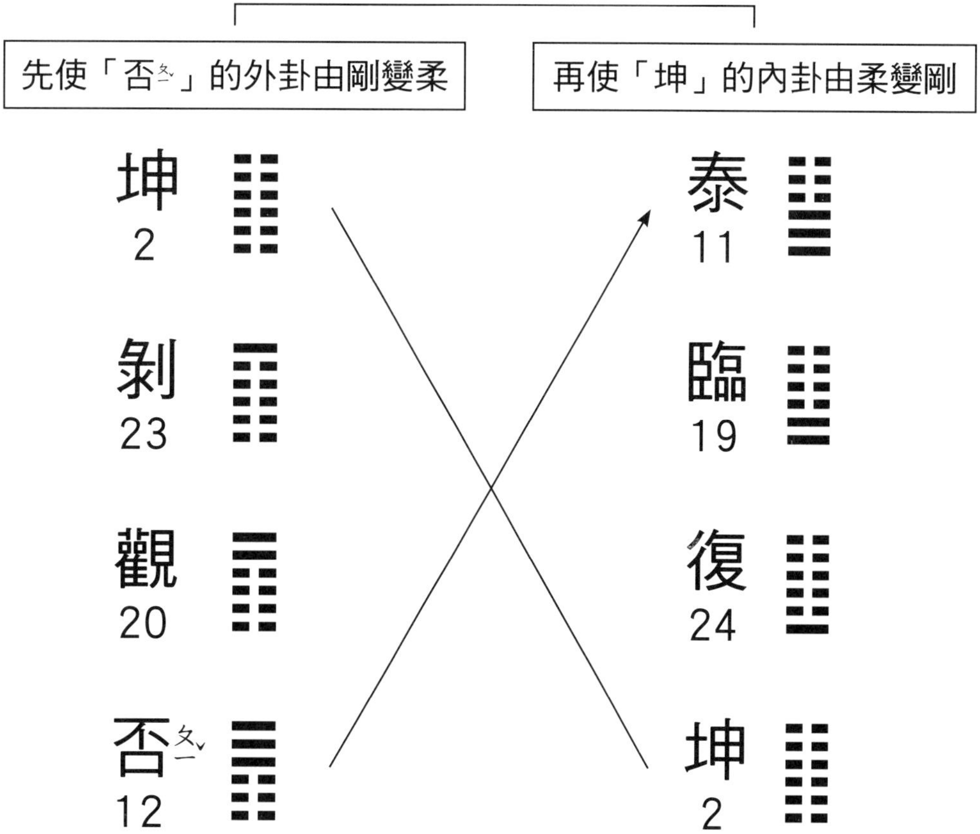

五、透過損益加速由否轉泰

如果想要更快速地由否轉泰，我們可以應用「既濟定位」的原則來設法加以改變。「既濟」是完成的意思，大家每做一件事，總有想把它完成的念頭，所以每一個卦，都有朝向既濟的卦象，做出自我修整的可能。譬如否卦（䷋），我們把它和既濟卦（䷾）兩相比較，就能發現否卦的初六、六三、九四、上九都不當位。按照由下而上的順序，我們先把初六和相對應的九四相對調，變成益卦（䷩）。接著檢查益卦各爻，發現只要六三和上九對調，便成為既濟（䷾）卦。於是我們想起前面所說「否泰反其類」，既濟、未濟、咸、恆、損、益六卦，都由泰、否兩卦變來。我們把益卦（䷩）和損卦（䷨）這兩個相對待的卦並列在一起，發現只要在益卦（䷩）的上下卦之間，將六二和九五這兩爻對調，就成為損卦（䷨）。再將損卦內部的六三和上九對調，立即成為泰卦。這樣一來，我們就能找到一條由否轉泰的快速道路，那就是由否而益，由益轉損，再由損而泰，果然十分神速。

我們現代把損益連在一起，稱為損益表。「損」為節用，「益」指生產；「損」是減損，「益」為增益。損卦要我們修德，益卦要我們裕德。損以遠害，益以興利。綜合起來看，我們的言行舉止，不外乎損人益己或損己益人。否的時候，若是損己益人，應該可以獲得改善。一直這樣下去，就能到達既濟了；泰的時候，往往由於損人益己，一下子就由泰轉否了。這些道理，還是要等到我們平心靜氣，把泰、否、損、益的真正涵義和作用弄明白之後，再來仔細體會。

以人力加速否ㄆㄧˇ極泰來

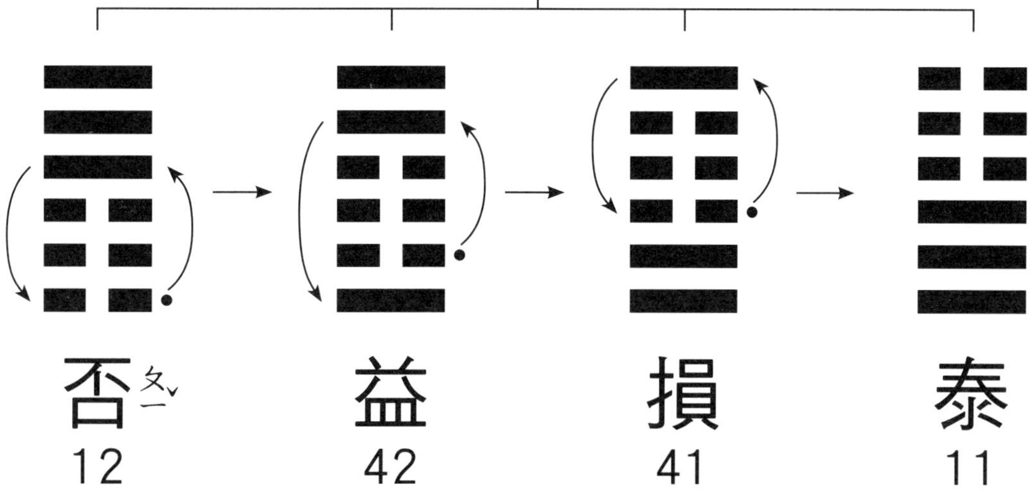

六、泰中有否符合自然規律

泰（䷊）和否（䷋）互為因果，也能夠彼此借鏡。社會富裕，日子好過，大家就重休閒而輕勞動，逐漸養成好逸惡勞、好吃懶做的壞習慣。用不著多久，經濟蕭條，社會秩序混亂，上下溝通困難，便由泰而否了；久處否境，則人心悔悟，厭惡亂象而用心治理，漸漸又由否轉泰了。我們最好明白：泰的時候，已經潛伏否的因子；否的時候，也含有泰的轉機。泰中有否，而否中也有泰，顯然是天道自然的道理。

然而根本的關鍵，仍在於人。君子奉行天道，小人背道而馳。君子與小人的消長，造成有否有泰。由此觀之，君子的責任非常重大，不能夠由於「小人當道」而灰心喪志，否則行道濟世，不過是口頭說說而已，即使志節堅定，也經不起小人的打擊。中國歷史之所以治少亂多，便是君子未能善盡責任所導致的惡果，卻將這種責任推給小人，終日怨天尤人，根本不是君子所應有的表現。君子待人寬厚，但也不能遠小人，而不設法給予適當的影響，否則小人就會毫無顧忌，愈來愈不擇手段，最後君子當然搞不過小人。

現代社會，是君子與小人相爭的格局。倘若君子老爭不過小人，請問要這麼多君子做什麼？只會罵小人，受小人的氣，卻拿小人一點辦法都沒有，算什麼君子？《易經》所說的君子，應該不僅是勤求善道、持續加強自己的品德修養者，而是更應該發揚易道，按照《易經》所揭示的道理來戰勝小人。如果《易經》缺乏這一方面的啟示，也就談不上無所不包了！若是易理不能夠感化小人，《易經》的功能，也將大打折扣了！

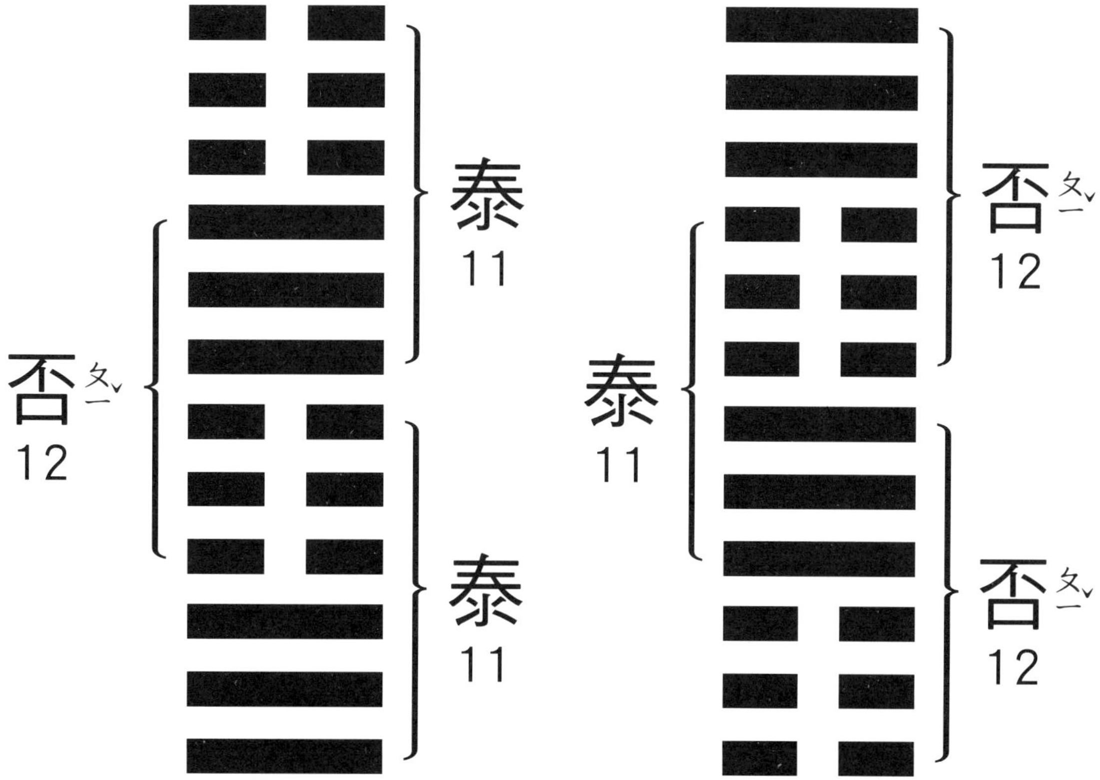

泰中有否ㄆㄧˇ，
否ㄆㄧˇ中有泰。

泰時要防否ㄆㄧˇ，
否ㄆㄧˇ時要轉泰。

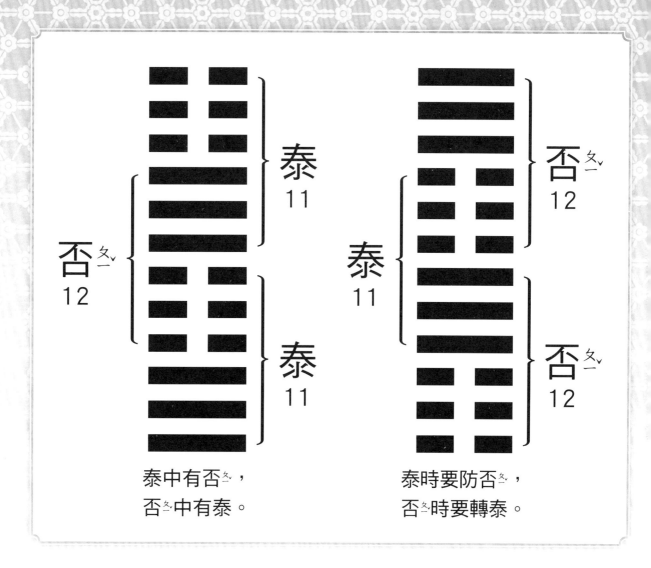

我們的建議

1 要研究一個卦，通常需要經由明卦、觀象、玩爻，三個程序逐步完成。觀象是從卦的形象，看出它所象徵的意義。泰卦三陰在上，不斷向下降落。三陽居下，持續向上升起，所以通泰。否卦剛好相反，上下不通，當然阻塞。

2 萬物造化，其實都是陰陽二氣互動的功勞。陰陽都做出犧牲自己的貢獻，可稱之為「消息」。我們現代所重視的音信、訊息，都是各種互動的相關報導，提供大家參考運用。

3 「錯卦」是指兩個卦對應的陰爻和陽爻，剛好完全相反；「綜卦」指兩卦上下位置，完全顛倒的形象。六十四卦當中，除了乾（䷀）、坤（䷁）、坎（䷜）、離（䷝）、大過（䷛）、頤（䷚）、中孚（䷼）、小過（䷽）八個卦之外，都各有其綜卦。

4 泰、否兩卦，既相綜又互錯，可見關係十分密切。泰中有否，否中有泰，更是我們經常可以看到的現象。最好能把泰、否這兩卦並列，合起來看，尋找出一條持盈保泰的正道。

5 既濟、未濟、咸、恆、損、益六卦，都是由泰、否兩卦演變而來。我們可以從當中的變化，找出由否轉泰的快速道路，以人力來促進由否入泰，而不是坐待否極泰來的一天。

6 泰、否兩卦，說的是君子和小人的互動，其重點即在於損所當損、益所應益。我們緊接著要把泰、否、損、益四卦的要義，仔細探討一番，以加強對這四卦的瞭解。

《第五章》

泰卦
六爻有哪些啟示？

君子自動自發，聚集向上的力量，
為社會人類做出貢獻，發揚泰卦的精神。

寬宏大量，無不可用的人，才是好領導，
不分親疏，也沒有特別親暱的人，不以私害公。

君子將要取代小人的時候，務必特別小心，
必須高度警惕，因為泰否兩卦，只在一念之間。

小人眼看著君子道長，而小人道消時，
最好出自誠意，毫不虛偽地改邪歸正。

君子道長，小人道消的關鍵時刻，
小人最好能改邪歸正，也變成君子。

君子與小人之爭，並不需要你死我活，
位高而無能，就算是君子，也令人惋惜。

一、初九拔茅茹共同求上進

泰卦（䷊）坤下乾上，卦辭：「泰，小往大來，吉亨。」

坤為地，再大也有邊界。乾為天，怎麼看也無邊無際。地和天比起來，地為小，天為大。依正常位置，天在上在外，地在下在內，現在三陰由內往外去了，稱為小往；三陽由外向內來了，便是大來。如此陽氣上升，陰氣下降，上下相交，二氣調和，所以內健外順，吉祥亨通。

陽象徵君子，陰代表小人。君子的氣勢蒸蒸日上，又能採取低姿態，使小人自然消退。社會上洋溢著尊敬君子而遠離小人的風氣，正如象傳所說：「君子道長，小人道消」，當然安泰。

初九爻辭：「拔茅茹，以其彙，征吉。」

初、二、三爻有志向上升起，是泰卦的基本精神。初九必須帶頭發動，將九二、九三都推上去，這樣的陽氣聚集，作用力才夠大。「茅」為茅草，「茹」表示相連的根部。「拔茅茹」即是拔茅連茹，一下子連根帶莖，全拔出來。「彙」是聚集在一起，有彙集的意思。君子齊心向上，集中力量，當然有利於出征，在這裡指為社會人群做貢獻，所以說「征吉」。

通常我們看到的現象，是君子想出頭又怕惹事，顯得很彆扭。看不慣又不敢挺身而出，反而袖手旁觀、冷嘲熱諷，完全違背初九的精神，缺乏向上的動力。當然，君子不能妄動，以免一出社會便成為烈士，不是憤世嫉俗，便是同流合污。此時想想乾卦（䷀）初九爻辭：「潛龍勿用」——站在勿用的立場，來拔茅連茹，聚集同志的力量，同心協力，為社會人群開創一番事業，才能吉祥。

泰 11 ䷊

初九，拔茅ㄇㄠˊ茹ㄖㄨˊ，以其彙ㄏㄨㄟˋ，征吉。

國泰民安，是大家共同的願望，也是大家共同的責任，尤其是君子，更是責任重大，不應該輕言放棄。君子自覺任重道遠，必須犧牲奉獻、善盡一己的心力，結合志同道合的有志人士，同心協力。就像拔茅ㄇㄠˊ連茹ㄖㄨˊ那樣，匯集眾人的力量，站在「潛龍勿用」的立場，來推動整體社會向上發展。

自動積極，聚集向上的力量。

二。九二包荒不因私而害公

泰卦彖傳說：「泰，小往大來，吉，亨。則是天地交而萬物通也，上下交而其志同也。內陽而外陰，內健而外順，內君子而外小人；君子道長，小人道消也。」

宇宙間陰陽交互作用，促使萬物通達發展，是自然現象；組織中上級和下級溝通順暢，促使意志相同，是人事現象。陽在內而陰在外，象徵內部健全而外部通順。社會風氣因而親君子而遠小人，表示君子勢力增加而小人勢力減弱。

九二爻辭：「包荒，用馮河，不遐遺，朋亡。得尚于中行。」九二陽剛中正，由於居陰位，顯得剛中帶柔。成為這一群志同道合君子的中心人物，具有包容異己的寬宏大度。「包」是包容，「荒」指廢物。初九「拔茅連茹」，難免參差不齊。要成為中心人物，必須柔和寬大，多方包容。「馮河」即暴虎馮河，空手打老虎、沒有船就過河，形容有勇無謀，冒不必要的險。這種人一般領導者是不用的，也不敢用、用不起。九二既然是中心人物，照用不誤。「遐」是遠，「遺」即失。哪怕再遙遠的人才，也不遺漏。但是，九二廣交包容，並不是為了朋比為黨，而是大公無私，絕不以私害公。「朋亡」是指沒有朋黨的私見，所以並沒有特別親暱的朋友。「尚」是配合的意思，九二與六五相應。六五就算是小人，但只要依照中道而行，九二都會全力配合。「中行」是六五的表現，「得尚」為九二的配合。小象說：「包荒，得尚于中行，以光大也。」大度包容各種人才，不彼此相輕，共同配合政策，在法令許可範圍內，發揚光明正大的德行，才算是真正的中心人物。

泰 ䷊ 11

九二，包荒，用馮ㄆㄧㄥˊ河，不遐ㄒㄧㄚˊ遺，朋亡。得尚于中行。

一般自認為君子的人，難免恃才傲物，眼中只有自己，容不下他人。這種人心胸狹窄，自我標榜，好像眼裡容不了一顆細沙，還自稱有潔癖、自命清高。其實真正的君子，必須具有包容各種人才的雅量。無人不可用，即使暴虎馮ㄆㄧㄥˊ河，也廣為容納，而且無遠弗屆，再遠的人才都不能遺漏。堅持光明正大，大公無私，並無特別親暱的朋友，以免朋比為黨，因而以私害公。只要政策合理，就應該全力配合，不能只為反對而反對。

胸懷大度，不分親疏，不因私害公。

三。九三無往不復關鍵所在

泰卦（䷊）九三爻辭：「无平不陂，无往不復，艱貞无咎。勿恤其孚，于食有福。」小象說：「無往不復，天地際也。」

「陂」指傾斜，也就是不平的意思。「无平不陂」啟示我們所有的平，實際上都相當不平。海平面是弧形的，湖面也是一波未平一波又起，起伏不定。真正平靜的水面，只是死水一潭。凡是活水，都很難平靜。我們盲目求公平，實在是自尋煩惱，徒然引起人心的憤憤不平。最好但求公正，不必求公平。以合理的不公平，來取代不合理的公平。无往不復，表示有去就有回，所以盛極必衰、物極必反，是自然的道理。下卦乾天，象徵日夜寒暑循環往復。九三若是上升到上六，連同九二、初九一起，相當於下卦乾天，已經取代上卦坤地的位置。坤地下降，乾天上升，「地天泰」又要變成「天地否」，因此大家必須提高警覺，以預防後患。「艱」指艱難，「貞」為合理的操守。泰卦九三，相當於乾卦九三，必須日夜警惕，才能无咎。「恤」是憂慮，「孚」為誠信與愛心。君子處於艱難卻能夠守正，當然不需擔心別人質疑他的誠信。「食」是祿的意思，「食祿有福」表示環境順泰。初九、九二、九三和六四、六五、上六完全相應，象徵君子的表現，已經使得小人不敢為所欲為，不得不和君子相應。九二、九三、六四呈現兌（☱）象，所以說「于食有福」，大家都喜悅。九三和六四，正好處於天地相合的位置，「際」即會合，因此小象說「天地際也」，是提醒大家：泰卦和否卦，經常無往不復、互相交替，當此情勢大好之時，更需要特別提高警覺。

泰 11 ䷊

九三，无平不陂[ㄆㄧ]，无往不復，艱貞无咎，勿恤[ㄒㄩ]其孚，于食有福。

天下的事情，有陰就有陽，有壞人才顯得好人的可貴。有君子也一定有小人，沒有辦法趕盡殺絕。所有的平，實際上都相當不平。有去就有回，有往便有復。君子不倡導虛假不實的公平，卻明白指出合理的不公平，才是大家應該接受的事實。面對各種艱難險阻，君子都能堅守合理的貞操，不必擔心他人懷疑自己的誠信，如此一來，大家都能十分愉快。

但求合理的不公平，而不是不合理的公平。

四．六四翩翩切忌虛偽不實

泰卦〈象傳〉說：「天地交泰，后以財成天地之道，輔相天地之宜，以左右民。」意思是天地相交，造成通泰。天地交泰之後，生出萬物，種種問題便接踵而來。這時領導者最好能「財成天地之道，輔相天地之宜」。「財」是裁，「輔」為助。「財成」是裁制，也就是裁決制定天地間合理的制度。「輔相」即輔助，輔導一切合乎天地自然應該施行的事務。「以左右民」，便是給予人民合理的輔助，促使民生均衡發展，以興利除害。不用「王」而用「后」，表示君王及諸侯，都應該重視這樣的事情。

六四爻辭：「翩翩，不富以其鄰，不戒以孚。」「翩翩」指外表好看，華而不實。六四和九三，位於天地相交的連接處。陽實陰虛，六四是虛的，本身不富，要富的話，必須向下借重九三的實力。泰卦六四、六五、上六三陰爻，好比一群小鳥，原本高高在上，此時受到初九、九二、九三的吸引，開始翩翩向下降落，以便求取食物。六四率先下降、六五、上六緊跟著也向下降落。「不富以其鄰」，是說六四雖然不富，沒有什麼好處可以分給六五和上六，但是形勢已經改變，六五和上九既然和六四相鄰，最好出於誠意共處。「不戒」指出這樣的情況並非出於六四警告，「以孚」則表示六五與上九誠心誠意，並無虛偽不實，所以群飛而來。小象說：「翩翩不富，皆失實也。不戒以孚，中心願也。」小人居高位，心中很虛，並不實在。三陰爻高高在上，現在受到三陽爻的上升，勢必向下降落。「不富」象徵不必利誘，「不戒」表示用不著警戒。唯有發自內心的自願，才合乎中道的要求。倘若小人回歸原位，君子也不必加以趕盡殺絕。

泰 11 ䷊

六四，翩翩，不富以其鄰，不戒以孚。

小人得志，實際上也是雞犬升天的景象。若是心有所悟，知道君子道長，小人道消，最好自動改變，向君子靠攏。這時候有如小鳥依人，不能夠貪圖財富或虛偽不實，也不能因為受到威脅，就虛情假意，打算矇蔽新的主人。唯有發自於內心的誠意，才能得到如同遊子返鄉般的歡迎，自己也才有回家的感覺。

忠實誠信，真心改邪歸正。

五、六五歸妹最好出于自願

泰卦六五爻辭：「帝乙歸妹，以祉(ㄓˇ)元吉。」

「帝乙」指帝王，「歸妹」指嫁女兒。「帝乙歸妹」是用帝王嫁女兒做為譬喻，提點六五和九二的和諧相處之道。周文王當年自比為九二，自認為中行不偏，暗示紂王以帝乙歸妹的精神，禮待賢士九二。「祉(ㄓˇ)」是幸福，「以」即因為。因為幸福才能夠元吉，所以說「以祉(ㄓˇ)元吉」。泰卦二至五爻，互兌(ㄉㄨㄟˋ)互震。兌(ㄉㄨㄟˋ)代表少女，震象徵長男，有婚嫁的象，在這裡引申為君臣有禮。

六五居上卦中位，陰居陽位，並不當位，卻仍是三陰的領導人物，看到下卦三陽爻氣勢不凡，最好能以「帝乙歸妹」的精神來禮賢下士。小象特別說明：「以祉(ㄓˇ)元吉，中以行願也。」意思是六五是上坤的首腦，為了整體的安泰，必須下應九二，也就是諸君子的中心人物。出于自願依中道而行，自然能夠順利達成願望。倘若完全不理會形勢的改變，不做出合理的調整，一旦下卦三陽爻向上升起，很可能完全取代上卦三陰爻的位置，屆時六五被迫退位，就怨不得九二了。六五地位適宜，若能和平禮讓，當然最好。至少也要及早覺悟，以禮賢下士，善納忠言，來為社會謀幸福。小人遇見君子，可以採取三種途徑：一是頑抗到底，最後必然自取其辱；一是自己振作，從此禮賢下士，改邪歸正，逆取順守；一是自己讓位，反過來接受君子的領導。為顧全大局起見，泰卦比較喜歡出於自願，和諧地與君子相處，避免採用激烈抗爭的方式。而時下的社會風氣若是敬重君子而遠離小人，那麼六五更應該及早準備，並且做出合理的調整。

泰 11 ䷊

六五，帝乙歸妹，以祉ㄓˇ元吉。

六五如果是小人集團的首領，被眾人視為共犯結構的中心人物，眼看下卦三陽爻的氣勢蒸蒸日上，社會又普遍洋溢著敬重君子、遠離小人的風氣時，六五最好能出於自願，誠心地和九二溝通，表明禮賢下士的誠意，並且決心廣納忠言，著手各方面的改善措施，務求氣象一新，為社會人群謀取元吉。

小人也可以變成君子，共同走上正道。

六．上六城復于隍位高無能

泰卦的主旨是君子勝過小人，以求國泰民安。然而安不忘危，治不忘禮，更應該念念不忘泰順得來不易，並且時時提高警覺。

上六爻辭：「城復于隍，勿用師，自邑告命，貞吝。」

築城的時候，通常會在城的外圍挖掘泥土，形成沒有水的乾溝，叫做「隍」。倘若一旦年久失修，或者由於其他種種原因，築好的城牆仍會有崩毀倒塌、重新掉落到乾溝之中的可能。上六陰居陰位，象徵過分柔弱，好比城牆倒塌，引申為命令失去效用，此時小人集團的勢力，幾乎消失殆盡。「用師」是動用武力。「勿用師」，一方面是對小人集團提出警告，千萬不要動干戈以免增加社會的不安和人民的痛苦，一方面也警示下卦三陽的君子人士，不應該也不必要動用武力。「自」是由近及遠，「邑」指小城，「告命」是通告政令。「自邑告命」，便是從鄰近的小城，由近及遠，通告政令，以安定人心。若是君子或小人有一方大動干戈，國泰民安的榮景，就會毀於一旦了。所以小象說：「城復于隍，其命亂矣。」「命亂」就是政令紊亂，原因在於社會混亂、人心渙散，有如城牆倒塌，顯示其位高無能，難以維持安泰的局面。

君子與小人之爭，不應該是你死我活，誰也容不下對方，以免撕裂族群、製造禍亂。一旦動用武力，那就是泰極否來，讓人覺得君子還不如小人，至少和小人一樣無能為力。「貞吝」的意思，是貞正卻有憾。因為君子或小人，都沒有能力和平發展。即使君子十分貞正，卻也不能守泰，當然令人惋惜。不論君子或小人，若是位高無能，大家很快就會喪失信心，而又將走上逆運之途了。

泰 11

上六，城復于隍ㄏㄨㄤˊ，勿用師，自邑告命，貞吝。

城牆大多是挖掘泥土加以構築，所以會在四周形成乾溝。當城牆年久失修，或者由於其他種種原因而倒塌了，泥土就會再度掉落回到乾溝之中。然而即使到了這種地步，也不能動用武力，而是應該要從鄰近的小城，由近及遠，通告政令，以安定人心，才能在安定之中求取進步。否則就算君子十分貞正，也會因為位高無能，使大家喪失信心，而令人感到十分惋惜。

治不忘亂，君子尤其不能自亂。

我們的建議

1 現代君子大多有志無行——志氣很大，理想很高遠，可惜缺乏合理的行為，往往自我標榜，看不起他人。由於君子無法齊心，小人自然容易得逞。小人得志，其實是君子造成的。君子必須負起最大責任，從修造自己著手，而不是怨天尤人。

2 君子心齊，從寬宏大度做起。包容各種人才，不分親疏，更不能結黨營私。一切行事正大光明，令人不致產生懷疑。大家能夠信任君子，社會才有希望，公義也才得以伸張。

3 公平是不可能的，因為資源不足、機會有限，即使資訊再發達，也不可能野無遺才。合理的不公平，才是真正可以做到的。「无平不陂，无往不復」，是自然的現象。同樣反應在人事方面，必須提高警覺，以預防後患。

4 初九「拔茅茹」，九二「包荒」，六四「翩翩」，六五「歸妹」，都是君子和小人和平競爭的要領。不能存有你死我活的心態，否則君子和小人又有什麼不同？還不是爭權奪利罷了！

5 九三無平不陂，是現代盲目倡導「平等」、「公平」的人，最應該引以為戒的。只有合理的不公平，才能獲得真正的平等。否則用「平等」、「公平」的口號，來當作美麗的誘餌，非但無法落實，且徒然害人無數。

6 上六「城復于隍」，是由泰入否的不幸象徵。從九三開始，便要安不忘危、治不忘禮，以免空有理想，卻反而造成禍亂。居於高位的人士，務必小心謹慎，因為高處不勝寒啊！

《第六章》

否卦

六爻有哪些啟示？

否是指閉塞不通，用以象徵亂世，
君子最好先求適應，再從長計議。

不能阿諛奉承，更不能同流合污，
即使能出污泥而不染，也不必冒險嘗試。

處於否的時代，君子必須守貞進取，
致力於進德修業，從生活中移風易俗。

小人若是知所警惕，就會自行調整，
身為幹部，只能奉命行事，最好少出主意。

小人領袖，要有去否的決心，
由否轉泰，才是正當的作為。

去否成功之日，治世將會重現，
人人皆大歡喜，切記不要胡作亂為。

一・初六拔茅茹要有志一同

否卦（䷋）卦辭：「否之匪人，不利君子貞。大往小來。」〈彖傳〉說：「否之匪人，不利君子貞，大往小來，則是天地不交，而萬物不通也。上下不交，而天下無邦也。內陰而外陽，內柔而外剛，內小人而外君子，小人道長，君子道消也。」大象說：「天地不交，否，君子以儉德辟難，不可榮以祿。」否卦坤下乾上，和泰卦（䷊）完全相反。「匪」即是非，當世運閉塞不通的時候，不重視人道，只有非人（小人，不一定是指惡人，卻是品德欠佳的人）才能得意，所以不利於君子的固守合理操守。「大往小來」，剛好和泰卦的「小往大來」相反，象徵天地不交、小人道長而君子道消，所以名為「否」。在這種風氣下，君子最好暫時退隱，過著儉勤的生活，致力於轉移風氣，以求挽回世難，不能以高官厚祿為榮。「辟」和避相通，「榮以祿」是指求取榮華、謀取利祿。

初六爻辭：「拔茅茹，以其彙，貞吉，亨。」小象說：「拔茅貞吉，志在君也。」否卦代表亂世，所以坤下三陰爻，反而都象徵君子。同樣「拔茅茹」，在治世時，君子要奮發圖強，結合志同道合的人士，共同向外卦升進，所以說「征吉」。現在情況不同，「以其彙，貞吉」，特別加上一個「貞」字。提醒君子雖然「志在君」，還有救世的理想，卻不宜妄動，以免一出動就成為烈士，不過是盲目犧牲而已。此時必須依據亂世的正道，以靜待時機為要，不能妄動。「初」為始，初六是坤下三陰爻的帶動人士，更應該堅守亂世的合理操守，使六二、六三也都不致妄動，所以說貞吉才能亨通——因為既可以保守實力，避免亂世的災難，也能夠進德修業，在移風易俗方面做出貢獻。

否ㄆㄧˇ ䷋
12

初六，拔茅ㄇㄠˊ茹ㄖㄨˊ，以其彙ㄏㄨㄟˋ，貞吉，亨。

否ㄆㄧˇ代表亂世，這時候君子以退隱為宜。一方面保持對社會人群做出貢獻的理想與實力，一方面則必須謹慎小心，以免遭受亂世的災難，一不小心便成為烈士。此時君子要團結起來，共同堅守處亂世的正道。初六居於始位，必須帶頭讓六二、六三跟進，共同為移風易俗而努力，以身作則，成為大家的表率。

儉德避難，以靜待良機。

二。六二不亂群不同流合污

六二爻辭：「包承，小人吉，大人否，亨。」

「泰」的時代，君子受到重用，十分光彩。若是不受敬重，反而令人懷疑，是不是出了什麼問題；但是「否」的時代，君子受到重用，就有人懷疑是不是變節了？亂世時君子出來擔任重大事務，經常受到種種阻礙、有志難伸，以致對堅守正道喪失信心。「否」字上不下口，象徵少說話為妙。這時候被上面看重，對君子十分不利。但是六五居下卦三陰的中位，屬於君子的代表人士，和九五相應，很容易引起九五的重視，於是六二面臨著兩難的抉擇，其中有一種反應叫做「包承」。「包」是滿，也就是包容。「承」為順承，也就是順應九五，盡力阿諛奉承，實際上已經不是君子，變成小人，相當於以小人的心態，來順應否的處境。對這種人來說，當然是吉，但是對能夠堅守立場的人，顯然從君子提升到大人，用貞正的方式處否。志在去否，才能亨通。

「否」的時代，君子不得志。當時的領導人，一定會注意君子當中的領導人物，想辦法加以籠絡。只要能把六二爭取過去，便足以瓦解君子的團結，減損君子的實力。初六、六二、六三看起來像一群飛不起來的鳥，在地上走動。其中有一隻飛起來，就會帶動其餘的鳥，也跟著飛起來。初六不過是帶動，六二才是主導人物，因為六二居中且正，當然受到九五的重視，威脅利誘，使出各種手段想加以收買。所以小象說：「大人否亨，不亂群也。」六二堅守立場，不致亂群，用意在於暗中團結君子，齊心協力伺機而動，心中念念不忘，務必去否。

否ㄆㄧˇ 12 ䷋

六二，包承，小人吉，大人否ㄆㄧˇ，亨。

六二是坤下三陰爻的領袖，既居中，又當位，很容易引起九五的注意，不斷加以威脅利誘，希望能爭取到六二效力，以瓦解君子的團結、減損君子的力量。六二若是加以包容，採取阿諛奉承的態度，樂於接受九五的安排，就相當於成為小人之中的一員，表面上看起來很有利、很吉祥。但是，六二若能堅守正道，不接受九五的照顧，暗中團結君子，伺機而動，才是處否ㄆㄧˇ、去否ㄆㄧˇ之道，當然亨通。

君子固窮，不因威脅而亂群。

三、六三急求上進難免包羞

否（ㄆㄧˇ）卦的用意，在君子、小人，都致力於去否（ㄆㄧˇ）。各有不同的立場，也各自採取不一樣的因應方式。六三位居坤下三陰的上端，和乾上三陽最為接近，稍有動作，立刻為上面所發現。九四認為六三既然以陰（六三）居陽（九四）之下，按理應該承助在上的陽爻（九四），現在卻表現得完全不是這樣，因此九四便不斷設法加以羞辱，看看能否改變九三？

所以六三爻辭說：「包羞。」小象說：「包羞，位不當也。」

「包羞」的意思是充滿了羞辱，令人難堪。六三以陰柔居陽剛之位，不當位，所以說「位不當也」。六三如果急於求上進，勢必採取用陰（六三）承陽（九四）的方式，以致九四認為六三去暗（實則為明）投明（實則為暗）而加以重用，引起眾人的羞辱；六三若是堅持正道，不接受九四的安排，九四認為六三知道那麼多不可見人的卑鄙勾當，怎麼能夠置身事外，也不斷給予羞辱，企圖改變六三的立場。六三的處境，果真十分為難，自非堅持合理的操守不可。

初六、六二、六三都是去否（ㄆㄧˇ）的生力軍，然而採取劇烈的抗爭行動，更容易造成社會的不安。因此共同以不合作的和平方式，來堅定去否（ㄆㄧˇ）的意志，團結去否（ㄆㄧˇ）的力量。

同樣不合作，愈接近乾上的人，愈不容易守貞。能不能成功？決定在九五的態度。初六、六二、六三這一群可愛的小鳥，能不能飛上天空盡情翱翔，取決於氣象的變化，是不是愈來愈有利於飛翔？此時最好默默以身作則，用移風易俗的方式，爭取大家的認同，守時待命，方為正道。

否ㄆㄧˇ 12 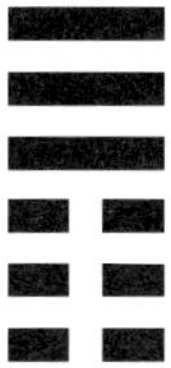 六三，包羞。

初六、六二、六三，都是身處亂世，有心去否ㄆㄧˇ的君子。大家都知道只有同心協力，採取不合作的和平態度，默默地以身作則，齊心協力移風易俗，靜待敬重君子而遠離小人的風氣逐漸形成，自然易於去否ㄆㄧˇ。六三由於不居中，又不當位，和乾上最為接近，處境最為艱難。若是接受九四的安排，會遭到大家的羞辱；若不接受安排，又難免受到九四的羞辱。此時唯有堅定意志，把握既定的原則，才是正道。

不能急於求上進，以免受到羞辱。

四、九四有命无咎奉命行事

在否的時代，九四、九五和上九，是品德修養欠佳的領導團隊，以九五為首領。表面上看起來，陽光普照，充滿了希望。實際上問題叢生，毛病很多，要不然怎麼叫做「否」呢？「否」就是閉塞、不通、不濟、倒霉。當社會人心慌亂、秩序混亂，天災人禍導致萬物不能順利成長、萬事難以順利進行之際，為了共同渡過難關，大家都會想盡辦法激發智慧，發揮同舟共濟的精神，通力合作，希望能夠轉否為泰。乾上三陽，若是能夠感受到這種去否的氛圍，便應該自我反省，及時做出合理調整，以資因應。

九四爻辭：「有命无咎，疇離祉。」小象說：「有命无咎，志行也。」意思是說，九四位居乾上始位，和初六一樣，具有帶動的作用，能引導九五和上九，開始和坤下有所往來。「有命」便是接受九五的命令，才能無咎。因為九五才是乾上的主腦，沒有九五的許可，九四不方便自作主張。「疇」是眾人，「離」為附著，「祉」則是福祉。為了大眾的福祉，九五下令與坤下接觸。九四表現良好，所以无咎。「志行」是初六所說的「志在君」，也就是共同為天下人的幸福著想，有良好的心志，也表現出合理的行為。九五改變主意，乾上坤下很好商量，自然平安無事。若是九五不表示意見，九四就不方便帶動，這時候最好採取被動方式，有命令才執行，推一下動一下，以不積極的態度，引發九五的反思。下對上不能直言，以免犯上，但卻可以用行動加以暗示，目的是為了大眾的福祉，大多能促使九五在不失顏面的前提下自行改變。

否ㄆㄧˇ 12 ䷋

九四，有命无咎，疇ㄔㄡˊ離祉ㄓˇ。

九四位居乾上的始位，和坤下接觸的機會很多。只要九五能感受到大環境的氛圍，及時做出合理的調整，並下達命令予九四，如此一來，乾上和坤下就很方便溝通。僵局打開，一切就能順利而沒有過失。倘若九五沒有下達命令，九四就應該採消極的態度，推一下才動一下，暗示九五自行改變，不能夠明白地直說，以免有犯上的疑慮。不論如何，都應該以大眾福祉為依歸，不可以汲汲營營於私利。

奉命行事，為大眾福祉著想。

五、九五其亡其亡停止逆運

九五爻辭：「休否，大人吉，其亡其亡，繫于苞桑。」

《易經》所說的「大人」，是指道德修養比君子更有成就的人士。這裡特別在「休否」之後，緊接著指出「大人吉」。「休」即停止，真正能夠休止閉塞不通，而又做出一番成績的人，當然是大人。九五中正當位，不論原先的閉塞不通是怎樣形成的、是哪些人的責任？只要能夠把這種惡運逆轉過來，自然吉祥。「其亡其亡」，表示就要亡了、就要亡了！具有這種警覺性，而且念念不忘，便含有「不能亡，要設法免於危亡」的期望，是一種十分積極的觀念。「苞桑」指叢生的桑樹，根部盤結在一起，象徵不容易被拔起。「繫于苞桑」，是指把免於危亡的責任，深深托附給核心團隊，像苞桑那樣穩固。由於能夠和平地化解危亡、去否轉泰，相當於完成中興大業，所以小象說：「大人之吉，位正當也。」九五以陽居陽位，又是乾上的中爻，道德修養良好，又擁有實權，因此能夠做出停止逆運的大作為。

有了這樣的九五，怎麼可能會否呢？我們看歷代聖主，剛開始時氣象壯盛，表現極佳，不久便弊病叢生，其主要原因，即如否卦（䷋）的卦象，三陽高高在上，迫使三陰低低在下。上情不能下達，下情也難以上達，這種閉塞不通的否象，通常都是由初六發出不平之鳴。初出茅廬的年輕人，有理想卻缺乏經驗，很容易闖禍，亟須六二的領導。而九五原本就十分英明，只要目標正大光明，共同為人民福祉著想，這時候九五定能明察秋毫，做出正確的判斷，採取合理的措施。由此觀之，休否、去否的重責大任，仍有賴於九五這樣的大人主導。

否ㄆㄧˇ 12 ䷋

九五，休否ㄆㄧˇ，大人吉，其亡其亡，繫ㄒㄧˋ于苞ㄅㄠ桑。

否ㄆㄧˇ卦的宗旨，在於休否ㄆㄧˇ、去否ㄆㄧˇ，關鍵人物即在九五。既當位又正中，表示能夠善體時艱，做出合理調整。這樣的道德修養，更勝於君子，所以稱為大人。九五心中存有不能危亡、必須挽救危亡的大志，當然吉祥。把安定中求進步的期望，奠定在根深柢固的穩固基礎上。休否ㄆㄧˇ、去否ㄆㄧˇ，即將如願完成。

時時存有「其亡其亡」的警惕。

六◦上九先否後喜大功告成

九五休否，存有「其亡其亡」的高度警覺性，所以「大人吉」。到了上九，我們應該從《易經》的中道思維，領悟到物極必反的必然轉折，因此否卦上九爻辭說：「傾否，先否後喜。」

上九居乾上的末端，表示否的惡運即將消除。然而此時既得利益的勢力，唯恐對自身不利，因此發出強大的反對聲浪，甚至對九五提出警告：把否完全傾倒，可能會對九五不利。上九的反彈，要看九五如何去回應？若是接受妥協，勢必留下後遺症。「先否後喜」，便是大家對「傾否」的憂慮，稱為「先否」；而後九五堅持改革的決心，果然否盡泰來，皆大歡喜，所以說「後喜」。

小象說：「否終將傾，何可長也。」否終的時候，往往有一股反對的力量，正極力反彈，使否終陷入將傾的危機。「何可長也」有三種意義：一是這種風氣，怎麼可以讓它長期存在？一為只要九五有決心，好好協調，相信大家很快就會諒解，加以支持，不可能長期反對下去。還有一種，則主張反對是必然的，由於大勢所趨，不可能長期抗拒，也是循環往復的正常現象。大家要謹慎小心的，反而是泰傾反為吉，否傾反為泰。在休否、去否、復泰之後，應當如何持盈保泰，以免又再度陷入否塞的困境。

上九的重大訊息，是惡人做壞事，到了惡貫滿盈之際，自然就毀滅了，哪有可能長久存在呢？最好的態度，便是順應改革形勢，放棄既得利益，全心全意為人民福祉而努力。力求復興，以求否極泰來，轉否為泰，才是正道。

否ㄆㄧˇ 12

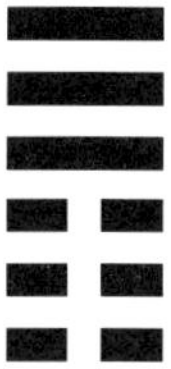

上九，傾否ㄆㄧˇ，先否ㄆㄧˇ後喜。

上九代表一股既得利益的反彈勢力，對九五構成很大的威脅，能不能順利化解，是「傾否ㄆㄧˇ」的關鍵。乾上三陽爻，以九五為主腦，命令九四和坤下溝通，務求拯救否ㄆㄧˇ的惡運。九五對於上九的抗拒，也應當給予合理的協調。去否ㄆㄧˇ大功告成，先憂後喜，得來十分不易，此時要注意的是由否ㄆㄧˇ轉泰之後，如何持盈保泰，以免再次陷入否ㄆㄧˇ塞不通的困境。

逆運轉好，力求維持。

我們的建議

1 否卦乾上坤下，象徵天在上地在下，原本很正常，為什麼會否呢？警示我們看事情時，不能只看表面、只看那些看得見的現象。實際上天地二氣交易互通，才是生長萬物的主要動力。否卦乾陽向上，坤陰向下，天地不交，當然閉塞、否定、不通、衰落，令人覺得惡運當頭了。

2 否卦（䷋）的綜卦和錯卦，都成為泰卦（䷊），表示處於否境，雖然惡運當頭，但只要內部合理調整，自反自省，改善現況，便可以轉否為泰。休否、去否，才是研究否卦的重點。

3 休否、去否能否成功？端視乾上坤下能不能合理互動、和平化解疑惑和難題？若是共同以人民的福祉為依歸，大公無私，當然比較容易實現；若是結黨營私，必然困難重重，難以實現。

4 乾上九五和坤下六二，都居中爻又當位，若能彼此呼應、妥為協調，就比較容易成事。只要初六和六三、九四和上九，都各以六二和九五為領導中心，齊心合力，化否為泰的大功，自然能夠順利完成，皆大歡喜。

5 泰轉否，否變泰，都是正常現象。若不以人為主，設法持盈保泰，勢必循環往復，時好時壞。歷史上興衰交替、中興不易，啟示我們應當提高警覺，時時謹慎小心。

6 君子得勢，容易變成小人；小人得勢，倘若能夠逆取順守，未嘗不能轉否為泰。倘若君子小人，都能秉持中道，同心實踐，那才是人民的福氣。由此觀之，道德修養乃關鍵所在，怎能不加以重視？

《第七章》

如何
將泰否合起來看？

把泰卦和否卦合起來看，
才能看出兩卦的共同點和差異點。

就算真的是聖賢之治，
大概也難逃不可能長久的惡運。

保泰去否畢竟都以人為本，
權力使人腐化，財富也難保忠貞。

既然泰否都是逐漸演變而成，
我們最好能見微知著，及早調整自己的心態。

物極必反，中道比較妥當而持久，
所以君子或小人，最好都能依中道而行。

然而有人就有想法，弄得錯綜複雜，
必須多方設想，站在不同立場思慮問題。

一、觀象明卦最好相對並列

把泰卦（䷊）和否卦（䷋）並列在一起，很容易看出這兩卦互為綜卦，也互為錯卦，關係十分密切，不但彼此互變，而且泰中有否，否中也有泰。

初九和初六，都以「拔茅茹」為戒，表示單打獨鬥，不成氣候，必須建立共識，以求齊心協力。泰要保泰，否要去否。任何情況都不可能靜止，保持現狀不過是不切實際的安慰話。真正的保持現狀其實就是落伍，趕不上時代變化。初九和初六都代表君子，這是《易經》最有趣的地方，一切看著辦，不一定。泰時陽是君子，否時陰才是君子。人的進退，要看大環境的變化，做出合理的調適。

九二和六二，都是首領，和九五、六五上下呼應，成為保泰、去否的關鍵人物。九二「包荒」，六二「包承」，都是不亂群的領導風範，心胸寬，肚量大，比較容易協調。

九三和六三，和當權的上卦很接近，風吹草動都受到注意，很凶險。九三「無平不陂」，六三「包羞」，都是警戒語。

六四和九四，居上卦的始位，和下卦接觸得多，必須小心翼翼，以免弄巧成拙。六四「翩翩」，九四「有命无咎」，都是忠實可靠，值得信任的幹部，全力和六五、九五配合。

六五和九五是保泰、去否的決定性人士，至關重要。

上六「城復于隍」，上九「傾否」，都在告訴我們：凡事物極必反，必須預先防患，以免泰極否來。人的幸與不幸、社會的治亂、國家的興衰，都可以從泰、否兩卦中，獲得很多寶貴的經驗和啟示，但願能夠用來保泰去否。

泰 11			否（ㄆㄧˇ） 12	
上六	⚋	物極必反	⚊	上九
六五	⚋	關鍵領袖	⚊	九五
六四	⚋	戒慎恐懼	⚊	九四
九三	⚊	最為凶險	⚋	六三
九二	⚊	主導人物	⚋	六二
初九	⚊	拔除茅茹	⚋	初六

二、聖賢之治也不可能長久

西方人寄望哲學家治國，迄今無法實現，即使真能實現，恐怕也會令人相當失望。聖賢治國，曾經帶給我們無比的光輝，卻也不能持久。《易經》「循環往復」、「物極必反」的道理，果然經得起考驗，放諸四海而皆準，並無例外。

聖賢會不會因權力而腐化？因財富而喪失天良？理論上當然不會，但是實際上如何，應該沒有人有絕對的信心。就算聖賢能夠堅持到底，但因為事務眾多，聖賢無法獨立完成，仍必須經由他人之手，才能把各種事務辦好。然而，這些經辦事務的人士，會不會受到權勢和財富的威脅利誘？恐怕也是大家不敢放心的變數。自古以來，我們一直希望長治久安，迄今卻仍興衰交替，難以持久。有好人便有壞人，有君子就有小人。何況君子會變成小人，小人也會變成君子。個人有得意時，也有失意時。有成功，也必然有失敗。家族有興盛，也有衰落。公司、社會也是如此，學校是教育機構，有良師，也有誤人子弟的害蟲。泰否兩卦並列，泰卦的陽爻代表君子，否卦的君子卻成為陰爻。兩卦的君子，都在下卦，是不是警告我們：地位高了、財富多了、權勢盛了，一不小心便會成了小人？是不是在暗示大家：不承受重大的壓力、接受嚴苛的考驗，怎麼能夠證明誰是君子？君子受壓，看他如何反彈？是同流合污？還是逞匹夫之勇，很快成為烈士？要去否保泰，最好是能夠依據易理，採取中道思維，以和平、合理的途徑而為之。此外也要做好未必如意的心理準備，只是盡人事以聽天命罷了！

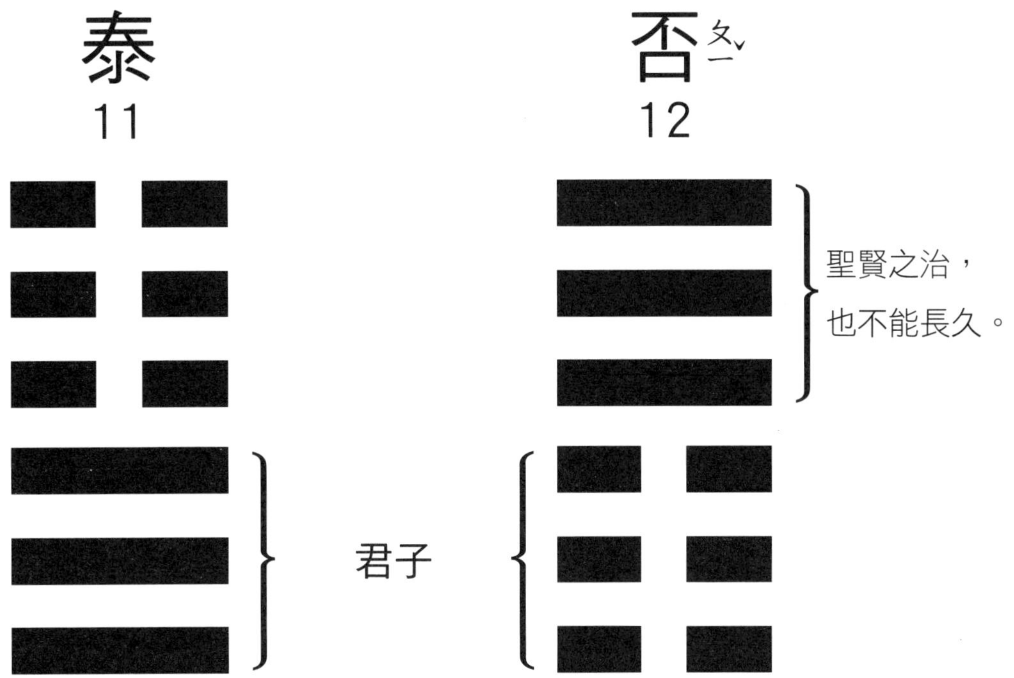

君子都居於下卦，

遭受欺壓。

若非如此，

何以顯得是君子？

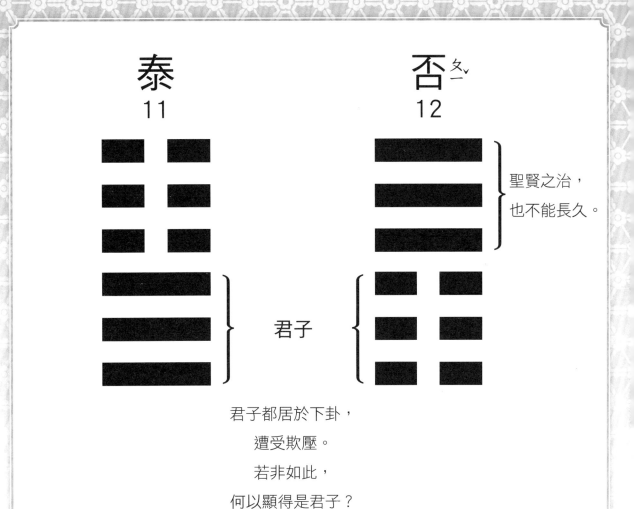

三、保泰去否畢竟以人為本

泰卦初爻，提示賢能君子必須以犧牲奉獻、造福人群社會為共同目標，齊心協力，才有成功的希望。

九二爻表示君子的領袖，必須寬宏大量，包容各種意見。君子和小人較量時，不能存有你死我活的心態。

九三爻指出，君子應該堅貞忠實，即使遭受羞辱，也要堅持合理節操。就算受人懷疑，也要保持誠信。

六四爻指出要預防虛偽不實，必須忠實誠信方為妥當；六五爻有寬厚的仁德，和平中正就能達成願望；上六爻已失人心，不宜用兵，以免陷於衰落。

由此可見，每一階段都以人為本。人必須為自己的所作所為，負起全部的責任。因為自然現象，實在無所謂泰否。只有站在人的立場，才有泰否的感覺。從個人、家庭、社會、國家，以至於世界，都有泰有否，而且循環往復。保泰、去否，也始終是大家共同的願望。

泰卦的前一卦是履卦（䷉）。兌下乾上，表示人生在世，面對各種艱難險阻，必須重視禮義，以求致福免禍。倘若履險如夷，自然國泰民安。這一切一切，和其他動物，並無多大關係，可以說完全事在人為，而且主要關鍵，也不在宗教、科技、藝術、政治、法律，而是在於道德修養。因為所有宗教、科技、藝術、政治、法律，只要大家不憑良心，效果立即大幅降低。唯有提高人的道德修養，才能在宗教、科技、藝術、政治、法律等各層面，真正收到宏大的效果。保泰去否，畢竟是由人的道德修養來決定，此點殆無疑義。

泰 11

爻	爻象	意義
上六	⚋	不宜用兵
六五	⚋	和平中正
六四	⚋	預防虛偽
九三	⚊	堅貞忠實
九二	⚊	寬宏大量
初九	⚊	齊心協力

否ㄆㄧˇ 12

意義	爻象	爻
先否後喜	⚊	上九
高度警惕	⚊	九五
有命无咎	⚊	九四
承受羞辱	⚋	六三
特立獨行	⚋	六二
合力以赴	⚋	初六

保泰　（以人為本）　去否ㄆㄧˇ

四、泰否都是逐漸演變而成

愛好富貴而厭惡貧賤，原本是人之常情。君子和小人，在這方面的差異，僅僅在於君子取之以道，去之也以道。小人則是不擇手段，無所謂合不合道理。自古以來，國家興盛的時候，朝廷常常出現激昂的豪傑。國家將亂，往往是君王信任奸佞，公卿卻唯唯諾諾，諂媚求寵。這種風氣，其實是逐漸演變而成，並非一朝一夕突然造成的。

人情最重視的，便是生死問題。而中外的政治思想，大多利用人類貪生怕死的心態，設計出一套制度，使人不敢貪小利以免受大害，卻願意受小害而獲得大利，最後又運用生殺大權來嚴加控制。以致不論領導人如何產生？大家都只能期待他的道德修養十分良好，而且有生之年，不管在位或退位，都能持續不變。好在各種變化，通常都是先由漸變開始，累積到相當的程度，才會引起突變。所以《易經》的謙卦（䷎），一方面要我們不可驕傲、奢侈、放逸、淫蕩，待人接物，應該謙恭有禮。一方面要我們保持高度警覺性，不可為了自己的利益而不顧及他人的立場。唯有如此，才能在否的時候貞正自守、持志不變，樂觀奮鬥以至於傾否、去否，轉為泰順；處泰的時候，不應該自吹自擂、自大自滿，得意忘形，以免樂極生悲。同時，在泰轉否或否轉泰的關鍵時刻，更應該未雨綢繆，及時做出合理的調整。

凡事欲速則不達，可惜「事緩則圓」的古訓，是現代人最難以理解，也是最不能接受的道理。我們應該靜下心來，好好體會，務求從泰否兩卦的交叉比對中，想通「滿招損，謙受益」的真義。

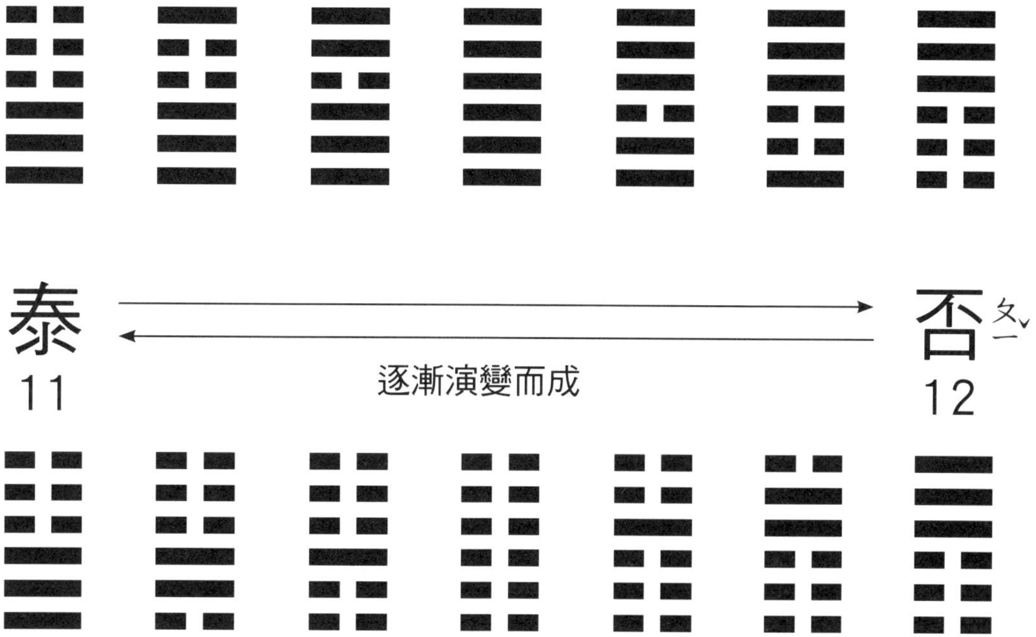
泰
11
逐漸演變而成
否ㄆㄧˇ
12

五。中道是君子小人公用道

「物極必反」、「否(ㄆㄧˇ)極泰來」的警語，和宇宙發展的原則十分相符。坤卦（䷁）六爻全陰，漸次從初爻開始，由下向上變化為陽，終於上下六爻全陽，即為乾卦（䷀）。白天由清晨到黃昏，不知不覺夜晚來臨；夜晚逐漸進入午夜，黎明之後清晨將至。冬至之後，春天的腳步近了。一年又一年，始終都是春、夏、秋、冬，周而復始。人事的變化，實際上和自然現象，有異曲同工之妙，都是陽極生陰，陰極生陽。

然而，聰明的人類，若想在上卦和下卦的交接處，同時獲得天道和地道的好處，那麼就必須在人道之中，走出一條兼顧精神和物質的中道，以求身心平衡、合理和諧。

西方人同樣「一畫開天」，卻畫出一條水平線，並且把它畫成直線，因此倡導「法治」。此舉把中道僵化了，缺乏彈性，造成現代人「只要合法，有什麼不可以？」的錯誤觀念，終至道德淪喪，不憑良心。中華民族知道太極線是弧形的，並非直線。海平面也是弧形的，兩點之間，並不是直線最短，而是弧線最短。中道是彎彎曲曲、起起伏伏的，並不是一路直線到底，所以我們倡導「禮（理）治」，大家講道理，雖然比較困難，卻富於彈性，更合乎人性的需求，也符合大自然的現象。凡事講求合情合理，而又合理合法。很多人不明白禮治包含法治，法治卻涵蓋不了禮治的奧妙。而但求速決，不能深一層思慮，盲目推崇法治，實在是現代人的一大缺失，因為守法不過是根本，還需要兼顧人情和義理。

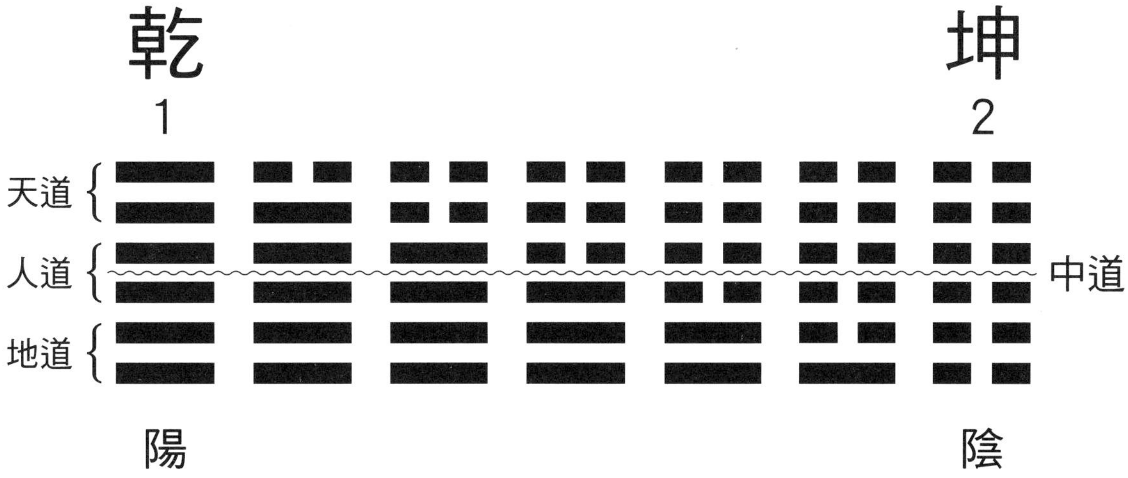

乾
1
坤
2
天道
人道
地道
中道
陽
陰

六、錯綜複雜最好多方設想

我們常說社會現象再怎麼千變萬化，《易經》所說的「錯綜複雜」四種卦的變化，便已經全部概括在內。泰卦和否卦，既相綜又互錯，其它還有複卦和雜卦，總加起來，不外乎錯綜複雜，便足以表示六十四卦的種種變化。錯綜複雜，現在已經被引申為事情雜亂而又互相影響，很不容易處理。為什麼會這樣呢？因為同樣是人，卻十分明顯地有智愚之分、有男女之別、有生長背景的不同，以及各種生理上、心理上的差異。而最重要的，莫過於彼此立場不相同，利害關係也不一樣，導致同樣一件事，各有不同的看法，也各有不一樣的反應。錯綜複雜，其實都是人自己造成的。

《易經》的包容性，為什麼要發展到其大無外、其小無內這樣廣大的系統呢？便是由於人心不同，各如其面，各有不同的想法。而且「人心惟危，道心惟微」，人心大多私而不公，甚至於因私害公。所以說人心險於山川，比江湖還要危險。道心難明，又容易隱而不現，以致大多數人不憑良心。人生如朝露，大家都急著想早日發財。人窮志短，很多人喪失原有的遠大志向。常言道：「人心不足蛇吞象」，很多人只看到眼前的利益，卻不知危險就在身後。世事到頭來，大多是「螳螂捕蟬，黃雀在後」，因此我們最好能把相對、相關的卦，合在一起看，從不同的角度，來審視同一個問題，比較容易兼顧四面八方，盡力做到面面俱到。多方設想、謹慎小心、誠信為重、將心比心，才是合乎中道的做法——既有彈性，也有原則，持經達變，因此成為中華民族的最高應變藝術。

人有個別差異

↓

人心不同，各如其面

↓

人心惟危，道心惟微

↓

人心私而不公，因私害公

↓

人心險於山川

↓

人心不足蛇吞象

↓

螳螂捕蟬，黃雀在後

↓

多方設想，面面俱到

我們的建議

1 現代人深受西方的影響，要求簡單化、明朗化、制度化，卻不知道這種思維方式，日久容易讓人腦筋生鏽，變得不會思慮，也思慮得不夠深入，愈來愈像白痴，只能任由他人擺佈。一旦大家都如此，人類恐怕只會退步，不可能再進步了！

2 《易經》六十四卦，卦卦聯通，也相互影響，牽一髮動全身，相當於現代所說的「蝴蝶效應」，這種大系統成為現代人的探索目標。《易經》系統其小無內，其大無外，應該是最大的系統，研究時也要旁通它卦，互相印証。

3 陰、陰、陰，然後變陽；陽、陽、陽，這才變陰。一方面陰陽互變，是必然的；一方面由漸變而突變，由量變而質變，也有一定的過程，這就叫做「一切都有定數」。

4 君子不受欺壓凌辱，可以見得是君子？君子一旦遭受不公平的待遇，便同流合污，或者魯莽抗拒成為烈士，這樣的君子又有什麼用？又能做出什麼樣的貢獻呢？

5 真正的君子，是貧賤時不接受威脅利誘，十分堅定自己的理想；富貴時更不能忘記初衷，以至變節失道。在位時有在位的表現；不在位時也有不在位的氣節。

6 人人以保泰、去否（ㄆㄧˇ）為職志，還要衡量當時的情況，自己的身分、地位，以及周遭的環境變化，做出合理的判斷，並且確實付諸實施，不折不撓，堅持到最後一刻。

《第八章》

怎麼看待
益卦和損卦？

損益表示減少或增加，損失或獲益，
實際上有損才有益，沒有損哪能有益？

只知道賺錢養活家人，過的是牛馬生活，
多少要對社會做出一些貢獻，才是人的生活。

社會黑暗面和光明面，都人所造成的，
憑良心把本分工作做好，自然有益於社會人群。

損人不利己的事，對任何人都沒有好處，
絕對不要做，一定不能做，務必要戒除。

用損之道，貴在降損遠害，
用益之道，則是厚殖興利。

損是捨得，捨棄自己的缺失，
益為豐富，將所得用之於天下。

一・先有損然後能有所益

損益是減少和增加的意思，在商業上指的是賠錢或賺錢。「損」為損失、減少、賠錢；「益」即獲益、增加、賺錢。古代在街上的廣場或市場，大家帶著自己生產的商品前來交換，或者貿易商人帶著各種商品到國外做買賣，回來後再論件計算損益。現代社會，交易往往持續進行，本期的收益不一定在本期便能收回，付出去的費用，也未必是為本期而支付，而且有可能下一期還要付，因此分項計算損益，便無法執行。只針對期間內所發生的支出費用與收入利益做計算是不正確的。有時候本期利益雖然減少，但下一期利益可能增加，本期損失與下期利益可以互相彌補，這種改變，愈來愈接近《易經》的道理。

損卦（䷨）兌（ㄉㄨㄟˋ）下艮（ㄍㄣˋ）上，原本是乾下坤上的泰卦（䷊），把九三和上六兩爻互換，使泰卦的九三變成六三，而上六變成上九。陽剛象徵實，陰柔相對為虛。九三在下，上六在上，以在下的九三交換在上的上六，象徵損陽剛（九三）的實，以益陰柔（上六）的虛。稱為損下益上，所以卦名為損。益卦（䷩）剛好相反，原本是坤下乾上的否（ㄆㄧˇ）卦（䷋），把九四改成六四，而以陽實的上九，來更換陰虛的初六，象徵損上（上九）益下（初六），所以卦名為益。不論損下益上，還是損上益下，凡有所損必有所益，同時先有所損，然後才能有所益。要看得遠、看得廣大，才能明白損益原本是相對相應的循環規律。有益人者，才有受益者。我們應該做哪一種人？值得深入思慮、好好體會。

損下益上，才叫損；損上益下，就叫益。這是什麼道理？難道不可以互相對調，把損卦稱為益卦，而把益卦叫做損卦嗎？

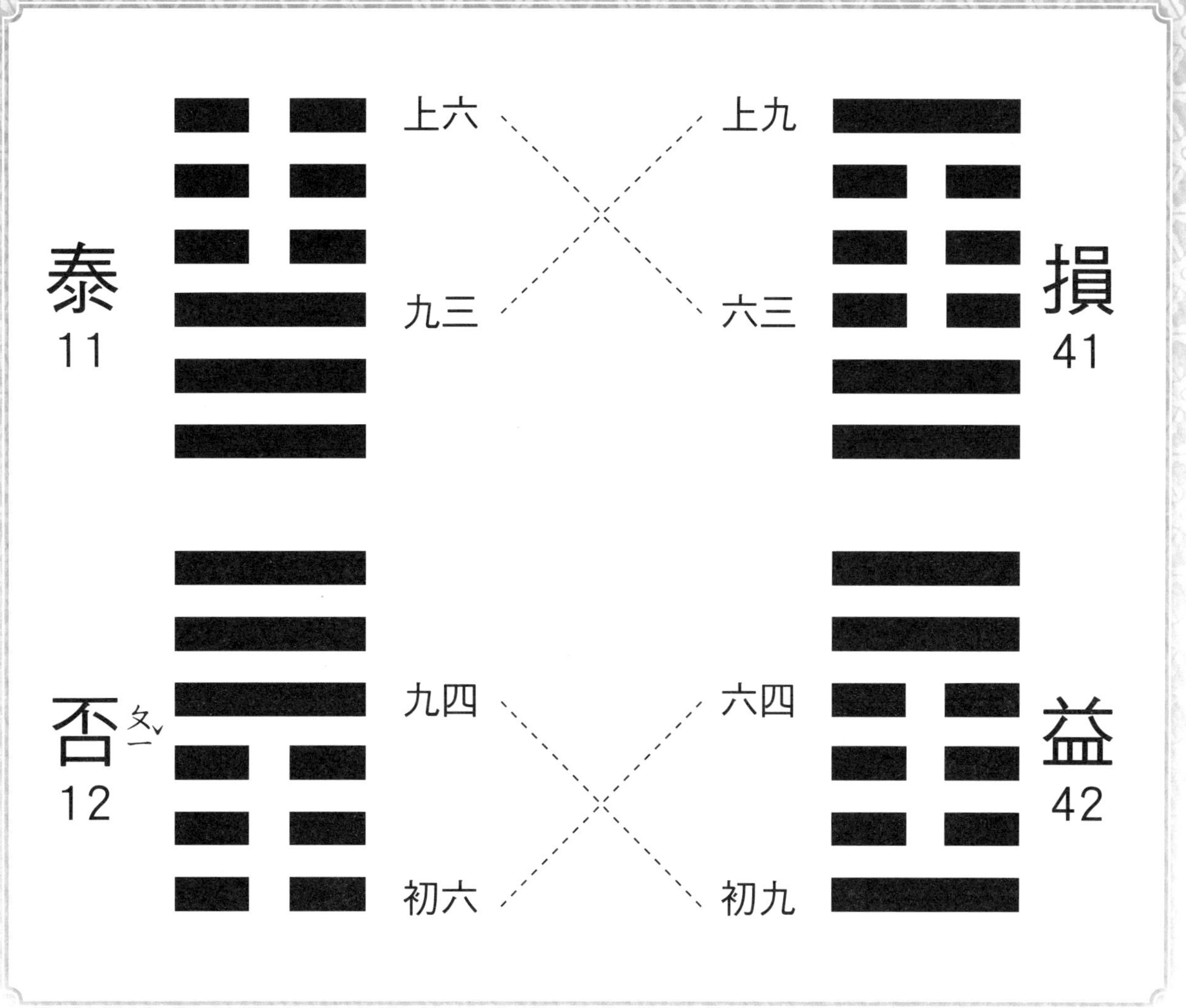
泰
11
上六
九三
上九
六三
損
41
否 ㄆㄧˇ
12
九四
初六
六四
初九
益
42

二。人生貴在有益人群社會

易的下經，將損卦（䷨）列為第四十一卦，益卦（䷩）列為第四十二卦，和上經的泰卦（䷊）列為第十一卦，否卦（䷋）列為第十二卦，前後呼應，告訴我們要有去否的決心，才能保泰。要能犧牲奉獻，造福人群社會，才能前人種樹，後人乘涼。有益人者，然後有受益者。人生的目標，在修養自己的品德，同時也應該兼善他人，造福社會。

損卦（䷨）兌下艮上，兌象徵水澤，艮代表高山。水澤在高山的下方，澤水蒸發，向上升起，於是水澤的水減少了，但水氣卻滋潤了山上的草木和動物，有益於動植物的成長。有智慧的人，總是儉樸度日，損去自己的奢華，來增益需要受幫助的人。寫文章的時候，若是過分講求詞藻的華美，往往喪失實體的本真。有時難免言過其實，反而誤導他人，失去原先的美意。從事商業交易，不先投入資金，怎麼能夠獲益？對待朋友，捨不得花費時間和精力，又怎麼能夠彼此瞭解，互相溝通，成為好朋友呢？

人有血肉，當然要顧及物質生活。然而只想到自己和家人的生活，相當於做牛做馬，充其量只能過牛馬的生活，談不上人的生活。不妨仔細想想，以自己的學問、能力和環境，能不能在做人方面，做出一些犧牲奉獻？就算十分微薄，倘若大家都能如此，豈不是積小成大、積少成多？有錢出錢，有力出力，然而若是沒有錢也沒有力，盡量自己的事情自己處理、少增添別人的麻煩，其實也是一種奉獻。人總有依賴的習慣，最好由自己做起，從現在開始，盡量把本分工作做好。損上益下，總比損下益上來得光彩有價值，是不是？

過人的生活：為社會人群作一些事

↑

犧牲奉獻，有錢出錢，有力出力。

倘若沒有錢也沒有力，

至少要把自己的本分工作做好。

減少麻煩，也是一種貢獻。

↑

損失自己一部分時間和精力，

為社會公益多少做一些事。

↑

過牛馬的生活：賺錢養活自己和家人

三。做好本分工作是好起點

初入社會的年輕人，總是滿腔熱血，充滿了希望，此時往往只看到社會的光明面，忽視了同時存在的黑暗面。時間久了，才逐漸發現社會和原先的預期，有很大的落差，因而認為光明面是虛偽的，黑暗面才是真實的。如此一來，種種壞習慣便逐漸取代好不容易才養成的一些好習慣。自暴自棄，還自以為是在接受社會大眾的洗禮、和社會融為一體。

損卦的用意，便是當我們對社會的失望感愈來愈大時，應該想辦法、盡人事來加以增強補益，並不能因此而消沉。若是對現實不滿，就應該盡一己的力量加以改造。所以損卦之後，緊跟著出現益卦，即在提醒大家，不要一味地貶損社會，而是應該從各方面設想，盡力改善、增益社會。

益卦（䷩）震下巽上，震為雷，巽為風。當地面上的風（巽上），吹得愈起勁時，地下的雷（震下），當然也會使人愈覺猛烈。相對的，當雷聲愈大時，風速好像也跟著愈快，就像在怒吼一樣。風和雷，彼此相得益彰，所以稱為風雷「益」。從卦象上看，似乎是損上（上九）益下（初六）。實際上，基礎安定厚實，上層建築物才會穩固，實在是上下互惠的好事，要不然，憑什麼叫做「益」卦呢？損者受益，益者也受損，是不是很有趣？

基礎要穩固，就必須每一個人都老老實實、實實在在、規規矩矩，憑良心把本分工作做好。不要管上級如何如何，也不必計較他人如何如何，但求對得起自己的良心，過著人所應該過的生活。剛開始也許很難做到，但日久成為習慣，也就心安理得，並進而能夠以此為樂、以此為榮，收穫必定是很大的。

益 ䷩
42

益是上下互惠的事情，
基層穩固、安全、牢靠，上層建築物才能安定。
每一個人都憑良心把自己本分工作做好，
社會黑暗面自然就會減損，光明面也會相對增益。

損 ䷨
41

看到社會的黑暗面，十分失望，也非常不滿，
總認為馬善被人騎、人善被人欺。
若是因此而自暴自棄，豈不是減損自己的價值？
損卦之後，緊跟著出現益卦，
期勉我們不要灰心、不能喪志，務必積極設法增益。

看到損的現象時，最好能設法加以增益。

四．不要做損人不利己的事

損卦（䷨）要求我們減損忿怒、不滿和欲望，剛開始執行時必然十分困難，但久而久之，養成好習慣後，就比較容易做到。

我們可以循序漸進，先求絕對不要做損人不利己的事，因為它一定不能做。通常我們對於不利人也不利己的事情，比較容易放棄，因為對自己一點好處也沒有，大概不會做。對於利人又利己的事，大多歡歡喜喜去做，可以冠冕堂皇地表示熱心，也能夠受到大家的歡迎。而對於損人利己的事，大多是偷偷地做，好像自己十分聰明，而別人卻非常愚蠢。殊不知騙得了一時，根本不可能騙多久，很快就會被人覺察，而遭受攻擊或咒罵。何況騙得了別人，也騙不了自己。夜半醒來，總覺得良心不安。現代人索性晚睡，半夜三更瞎忙著，避免聆聽良心的聲音。有一天安靜下來，或者臥病在床，就會覺得痛苦不堪，更加疑神疑鬼，總認為有惡魔入侵，而惶惶不安。就算每天累到極點，倒頭便睡，醒來又投入工作，臨終那一刻，回想過往種種，恐怕也難以瞑目。當然，最值得敬佩的是肯做、願意做、樂於意做損己利人的事情。我們不方便把目標訂得這麼高，以免變成高調，人人會唱，卻個個做不到。我們只是按照損卦的精神，先求不要做損人不利己的事，然後各人自有心得，再各自向上提升。益卦（䷩）希望我們不斷增益善行，但要順乎自然，不能矯揉造作。不斷反省，用心改造。不但充實自己，而發揮向上、向下、向左、向右的影響力，使他人樂於自動參考我們的行為，這才是人生最大的悅樂！

益 ䷩
42

要求不斷增益善行，
但是務必順其自然，
不能矯揉造作，
反而令人厭惡。

↑

損 ䷨
41

要求減損忿怒、不滿和欲望。
剛開始覺得很困難。
養成習慣之後，
就比較容易做到。

先從不做損人不利己的事情開始自我提升

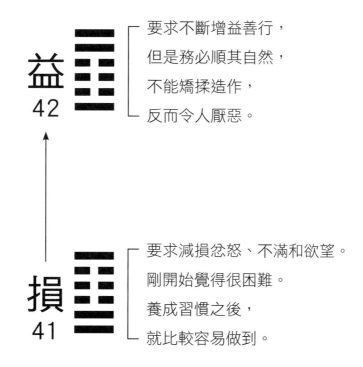

五．損以遠害並且益以興利

現代人過分強調速度的重要性，以致在大眾媒體上，公開呼籲「快、快、快」，自己覺得很高明，也說得十分得意，殊不知自己所種下的禍根，遲早都得自作自受。

立竿固然可以見影，但是有很多情況，特別是光線太亮時，立竿是看不見影的。自然孕育，水到渠成，瓜熟蒂落，實在是更為妥當的方法。現代醫師鼓吹孕婦剖腹生產，竟然說可以選擇良辰吉時，其實真正的用意，大家心知肚明，不方便直說罷了。其實自然生產對母子都有益，非不得已請勿剖腹。

能夠立即獲益的事情，大多是近利。不幸的是，「近利」大多和「遠害」連結在一起。貪近利，往往會帶來可怕的遠害。多少人吃這種虧、上這種當，只是不說出來，不願意受到二度傷害而已，所以大家以為比例很少，實際上甚多。

現代人強調求新求變，也招來很多防不勝防的遠害。等到損害浮上檯面時，那些亂變的人已經遠走高飛，卻製造了很多慘不堪言的受害者，求償無門，引發社會嚴重的不安。

益是用來興利的，對人民有利的政策，百姓一定覺得十分歡欣鼓舞。平日多做善事，廣結善緣，一旦有事，大家必然爭相出力，熱心幫忙。人性的偉大，並不在於成就自己，而在於成人及成物。成全別人完成興利的大業，往往比自己獨力完成的小事要有益得多。成物的範圍很廣，修身、齊家、治國、平天下，都是努力的目標。中華文化，從來就沒有個人主義的觀念，也不太重視個人的享樂，同時也不追求出世的快樂，這應該和損、益兩卦有密切的關係。

損以遠害，益以興利

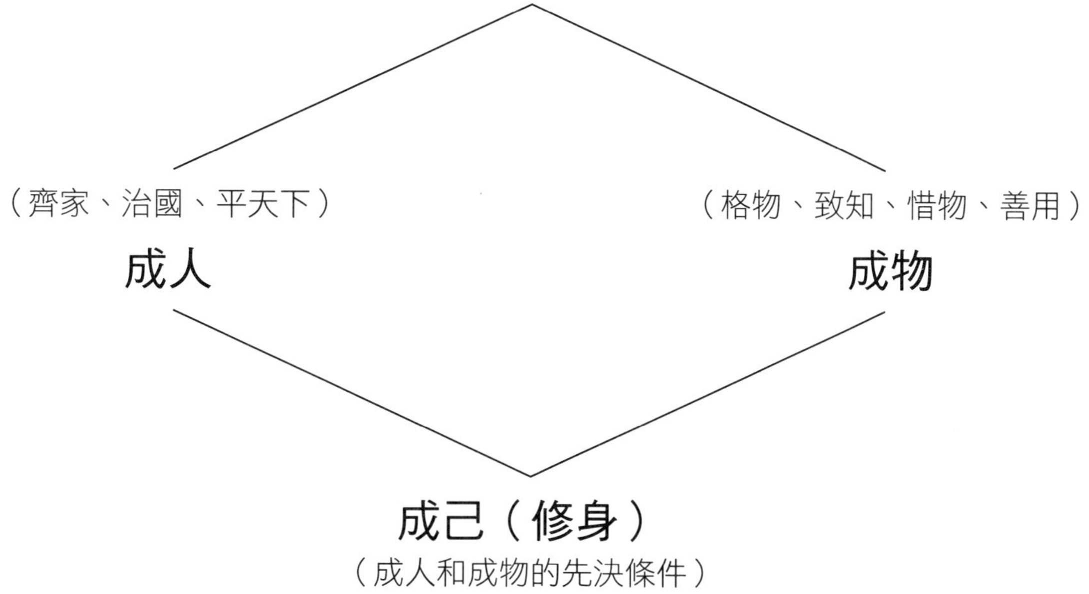
（齊家、治國、平天下）
成人
（格物、致知、惜物、善用）
成物
成己（修身）
（成人和成物的先決條件）

六．損以修身而益必然裕德

「損」的意思，便是我們常說的捨得——要捨得放棄不良的習慣、捨得遠離各種誘惑，也捨得剷除不正常的關係。損卦（䷨）山下有澤，象徵損下益上，以減損忿怒和各種欲望，來增益自己的品德修養，所以是修身的道理。

有些人認為專業知識比較重要，修身不過是老掉牙的說詞，何況現代社會，大家都不重視修身，為什麼還要再三提醒？殊不知時代再怎樣變遷，品德修養永遠是獲得他人信任的基本條件。譬如忠實負責，絕對不會長久吃虧，最後一定佔便宜。在當今缺乏忠實負責者的社會環境下，能夠堅持忠實負責心態的人，豈不是物以稀為貴，能夠獲得更多的機會嗎？

益卦（䷩）剛下柔上，象徵見善則遷，而且有過必改，其品德修養，必然愈來愈增益，也愈來愈豐裕。

〈繫辭下傳〉說：「履，德之基也；謙，德之柄也；復，德之本也；恆，德之固也；損，德之修也；益，德之裕也；困，德之辨也；井，德之地也；巽，德之制也。」把履（䷉）、謙（䷎）、復（䷗）、恆（䷟）、損（䷨）、益（䷩）、困（䷮）、井（䷯）、巽（䷸）這九個卦，當作解憂防患的重點。履卦建立道德的初基；謙卦是修德的關鍵；復卦為修德的根本；恆卦是鞏固道德的保證；損卦為修養品德的途徑；益卦是擴充道德的歷程；困卦為分辨道德的考驗；井卦是推行道德的處所，而巽卦則為運用道德以求制宜。孔子為了加強大家的憂患意識，特別提出這九卦，主要內容即在進德修業。重視修身、用心裕德，有什麼憂患不能解除的？再從相關方面加以補強，自然可以解憂防患。

效法天德，培養高尚品德，以回饋天下

履卦	謙卦	復卦	恆卦	損卦	益卦	困卦	井卦	巽(ㄒㄩㄣˋ)卦
䷉	䷎	䷗	䷟	䷨	䷩	䷮	䷯	䷸
10	15	24	32	41	42	47	48	57
（德之基）	（德之柄）	（德之本）	（德之固）	（德之修）	（德之裕）	（德之辨）	（德之地）	（德之制）

憂患的世界，最好能解憂防患。
要解憂防患，最要緊的是修養此九德。

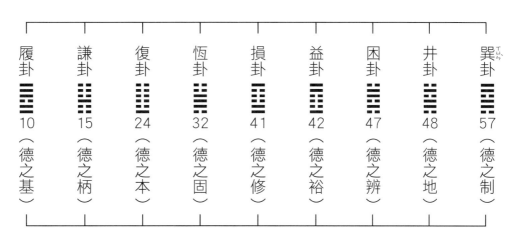

我們的建議

1 損卦（䷨）上面一陽爻，中間三陰爻，下面二陽爻，上下顛倒過來，就成為上面二陽爻，中間三陰爻，下面一陽爻的益卦（䷩），表示一種結果的兩端，或為損失，或為增益。

2 損和益象徵一分為二，一件事情可能產生兩種不一樣的結果。然而我們研究時，最好能夠二合為一，把損和益看成一體兩面，加以整合，才符合《易經》的整體思維。

3 《易經》對人的道德修養非常重視。六十四卦當中，有二十九卦，談到君子的品德問題——乾、坤、蒙、小畜、大有、蠱、臨、大畜、頤、大過、坎、咸、恆、遯、大壯、晉、家人、睽、蹇、損、益、升、困、震、艮、漸、節、小過、既濟，都涉及到修養的途徑和可行的方法。

4 損卦和益卦，是由否轉泰的重要關鍵。先有損，然後才有所益。捨得放棄某些東西，才能獲得若干利益。不捨就無所得，先捨後得，這是大家必須明白的自然規律。

5 豐富的學識、寶貴的經驗，以及崇高的道德，無不來自於宇宙，因此犧牲奉獻，為社會人群造福，才能用之於天下。成己是為了成人和成物，內聖則是為了外王。

6 損己利人的事，很不願意做；損人利己的事，絕對不要做。若是顛倒過來，多做損己利人的事，不做損人利己的事，就算不是聖人，至少也會是受到眾人敬仰的君子。

《第九章》

損卦六爻
有哪些啟示？

損卦的最高藝術在於合理，
不損己也能益人，不損人也能受益。

減損者和受益者，都必須合理，
損要得當，益也應該保持中道。

下卦三爻，代表減損的精神，
上卦三爻，象徵受益者的胸懷。

初九酌損，九二不損，六三則全損，
各守其分，各制其宜，不應該過分。

六四去貪，六五虛心，是受益的修養，
上九不損人而能受益，是最高的準則。

損的人要心甘情願，歡歡喜喜，
受益者要憑良心、立公心，為天下人著想。

一・初九衡情論理適宜自損

損卦（䷨）的卦辭：「有孚，元吉，无咎可貞，利有攸往，曷之用？二簋可用享。」彖辭說：「損，損下益上，其道上行，損而有孚，元吉，无咎可貞，利有攸往。曷之用？二簋可用享。二簋應有時，損剛益柔有時。損益盈虛，與時俱行。」大象說：「山下有澤，君子以懲忿窒欲。」

「有孚」表示誠信與愛心，不論損誰益誰，或是損什麼益什麼，只要是出於誠信，便是合理。所以說「元吉」，沒有過失，屬於可以守正的貞操，也有利於施行。「曷」是何的意思，何以見得減損的作用呢？「簋」是古時的竹器，用兩個簋盛著菲薄的祭品，只要內心誠敬，照樣可以祭享神靈。損卦兌上艮下，從卦象上看，是將乾的九三交換坤的上六，陽為剛實，陰為柔虛，損下（九三）的剛實，以益上（上六）的柔虛，象徵損下益上，所以說「其道上行」。「二簋應有時」，表示就算誠信，也不能常常這樣，因為損剛益柔，必須用在適當時機。無論損下益上，或者損盈益虛，都應該隨著合理的時機施行，也就是「與時俱行」。對修身而言，「損」就是懲戒忿怒，窒塞不良的欲望。

初九爻辭：「已事遄往，无咎，酌損之。」「已事」是終止自己的事，「已」即是停止。損卦上卦為艮，象徵停止。「事」指初九自己的事，「遄」為迅速，「遄往」就是趕快去幫助六四。因為六四以陰柔居上卦的始（初）位，初九以剛實居下卦的始（初）位，按照損卦損下益上的精神，初九損自己的剛實，益相應的六四，合乎與時俱行的道理，所以无咎，但是不可過分勉強，應該斟酌實況以求合理。

損 ䷨
41

初九，已事遄（ㄔㄨㄢˊ）往，无咎，酌損之。

損的主旨，在於損下益上。初九是減損的開始，必須以「酌損」為原則，在損所當損的合理範圍內，把自己的事情暫時放下，趕緊前往增益。「遄（ㄔㄨㄢˊ）往」的意思，是態度要積極；「酌損」的用意，則是損己必須量力，以求適度。初九最好先看看六四的心態，是不是貪得無厭，然後才反過來衡量自己的減損程度，這樣應該會比較妥當。

損己益人，必須量力而為。

二、九二損己益人必須守正

過分自損，不是存心討好，便是虛偽作假，所以初九小象說：「已事遄往，尚合志也。」「尚」是重視的意思，「志」為願望。為了表示重視配合六四的願望，所以「已事遄往」，也就是把自己的工作放下，趕緊前往以實濟虛。

現代社會，人民向政府誠實繳納稅款，也是自損的表現。政府的財政收入，必須出於誠信，使人民知道稅款徵之於人民，也用之於人民。政府是為了造福百姓而收稅，並不是要加害百姓，於是人民便會樂於損己益上，當然吉順而无咎。即使如此，也應該以合理為度，該徵的才徵，不該徵收的時候，也要適度減稅或免稅，以求與時偕行，建立不輕易損下的誠信。政府愛民節用，相當於君子「懲忿窒欲」，如此才是百姓之福。

九二爻辭：「利貞，征凶，弗損益之。」

初九損己以益六四，已經變為初六，倘若九二再損己以益六五，同樣變成六二，此時損卦（䷨）就會變成剝卦（䷖），豈非十分危險？所以上卦受益的人，對下卦的自損，必須保持合理的貞操，不應該貪得無厭，才能有利於損益的功能。六五固然不能愈征愈凶，初九也必須抱持合理的貞操，不能過分損己益人，以免承受愈征愈凶的惡果，難以持續地損下益上。所以小象說：「九二利貞，中以為志也。」九二以陽實居下卦的中位，雖然不當位，也應該以合理為願望，善盡中堅的責任，只需以剛健的本質，遙為支援六五，也就於下無損而於上有益了。同理，地方政府不能把所有的稅收全部上繳，也要留下一部分做為本地之用，這樣才是合於情理。

損 41 ䷨

九二，利貞，征凶，弗損益之。

九二是下卦的中位，身為減損主導者，最好秉持「不損己而能益人」的準則，以免偏離中道。九二以陽居陰位，不當位，象徵自己並不是真的「有餘」，倘若急於損己而導致不足，反而容易造成凶險，不如保持中正，以不損為原則，設法做到不必減損就能夠益上的境界。

不損己即能益人，此乃上上策。

三．六三主張損有餘益不足

損卦（䷨）六三爻辭：「三人行則損一人，一人行則得其友。」小象說：「一人行，三則疑也。」

初九要求「酌損」，九二主張「不損」，可見損要損得合理，而不是任意犧牲，做出無謂的減損。因為初九和九二都屬於剛實，不宜輕言犧牲。就泰卦（䷊）而言，下卦三陽爻，即為三人行，九三已經變成六三，實際上是全損。三陽爻變成二陽爻一陰爻，所以說三人行則損一人。上卦三陰爻，由於六三的全損，成全了上九，象徵上九與六三相應。上九在上卦之中，只有一人，獲得六三的支援，所以說「一人行則得其友」。「友」就是應的意思，六三相應，以益上九。如果初九和九二、九三一同上行，上九反而會相當疑惑，不知道要和哪一爻相應？所以說「一人行，三則疑也」。

《易經》講求的，是兩兩相應。太極生兩儀，兩儀生四象，四象生八卦，都是雙數。有損的人，也必定要有獲益的對象。損卦的初九和六四，九二和六五，六三和上六，都是一陰一陽的正應。下卦三爻象徵三人，損減六三這一人去應上九，最為合適。其餘兩爻，或酌損，或不損，也各制其宜。三人都要損，那就會引起懷疑了。

損卦的精神，在損有餘益不足。艮上兌下，在下方的水澤挖得愈深，上方所堆積的土山就愈高。但是堆積愈高，傾倒的危機也愈多。凡事適可而止，合理才好。所以六三全損，而初九酌損，九二不損，合乎中道的要求。如同現代一夫一妻制，若是多出一個第三者，必生疑惑，便是基於同樣的道理。

損 41

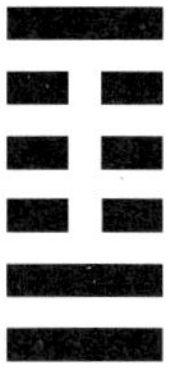

三人行則損一人，一人行則得其友。

天下間的事物，都是兩兩相對。有初九的酌損，有九二的不損，便有六三的全損，以便和上九的不損，六五的自損，以及六四的損貪，彼此互應。損卦兌ㄉㄨㄟˋ下艮ㄍㄣˋ上，下卦三爻是減損者。損卦由泰卦轉成，原有下卦三爻，都是陽實。六三變成陰柔，表示初九、九二兩人尚存，而六三受損，所以說三人行則損一人。六三全損，使上九得以不損人而受益，所以說一人（六三）行則（上九）得其友。

最終明白受益者的意圖，才能全力損己益人。

四、六四損去貪欲損除疾病

損卦（䷨）既以損下益上為主旨，下卦為減損的主體，上卦三爻都是受益的對象。受益者最為要緊的，便是去除貪欲。六四爻辭：「損其疾，使遄有喜，无咎。」六四以陰柔居上卦的初（始）位，必須損除貪得無厭的疾病，所以說「損其疾」。「遄」字出現在初九爻辭，意指初九把自己的事情放下，迅速前來增益六四，盡責任的念頭比較強，內心卻未必歡喜。六四受益，表現出合理的需求，並不貪得無厭，使得初九心生歡喜，所以說「使遄有喜」，促使急急忙忙跑來協助的初九，十分歡喜，當然无咎。小象說：「損其疾，亦可喜也。」意思是六四去除貪得無饜的疾病，不但使初九歡喜，對六四來說，也是一大喜事。陰柔居陰位，能自省自律，果然當位。

損下益上固然是損，象徵下卦的水澤，對上卦的山有所增益，但損上益下，又何嘗不是損？水澤的波浪，不斷沖刷山邊，致使山上的土塊，填入水澤之中。可見有損必有益，有益也必有損。初九損的是陽實，六四損的是貪得無饜。雙方的收益，則是皆大歡喜。山宜高，澤宜深。損水澤的土，是損所當損。益山陵的高，也是益所當益。然而山高水深，高山向下滑落形成土石流，是常見的危機，如何求得合理的平衡點，應該是被損者和受益者雙方面都應該努力的。由此類推，凡是過分浮華裝飾的部分，都應該設法減損而使其務實。然而若是連同原本就嫌不足的地方也一併去除，那就太過分了。名、利、情是大家所追求的，能夠合理加以節制，這才合乎損的道理。

損 41

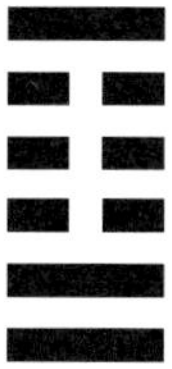

六四，損其疾，使遄ㄔㄨㄢˊ有喜，无咎。

損卦兌ㄉㄨㄟˋ下艮ㄍㄣˋ上，六四、六五和上九都是受益者。六四為上卦的始（初）爻，必須損除貪得無饜的毛病，使減損者放心，而歡喜地自動迅速酌量減損。倘若六四貪得無厭，不顧減損者是否有餘、會不會因減損而造成不足？那就有咎了！因為減損者會感受到威脅，對減損喪失信心，也造成減損的阻礙。因此唯有不貪，才能无咎。

受益者不貪，減損者才能放心。

五、六五有如上天垂降福祐

六五爻辭：「或益之十朋之龜，弗克違，元吉。」

損卦（䷨）六五與九二正應，九二為了固守合理的原則，也就是中以為志，抱持不自損以益六五的態度。而六五以陰爻居陽位，並不當位，卻由於居上卦的中爻，只要謙虛待人，就能大為受益。「或」是不一定的意思，不一定從哪裡來，只要虛心接受，就會引來更多的助益。「之」指六五，「或益之」，便是各方面都來增益六五。古代尚未發明銅幣、銀幣或紙幣，而是用貝。兩貝合在一起，稱為「朋」。「十朋」表示多和貴，「十朋之龜」便是價值昂貴的靈龜。六五以陰爻居上卦中位，有虛中自損的象徵，就算有人奉獻價值十朋的靈龜給他，也不方便推辭，所以說「弗克違」。「弗」指不，「弗克」即不能。不能違背大家的好意，便是「弗克違」。六五和上九是天道，也就是自然的規律，主張損有餘而補不足。六五所對應的九二，原本應該是六二，由於受到原本應該是九五的損上益下，致使六二變成九二，而九五卻成為六五，所以小象說：「六五元吉，自上祐也。」說明六五的元吉，有如上天的福祐。一方面是六五謙虛，成全九二；一方面也由於九二能堅守中道，獲得六五的賞識，這才願意成全。

六五若是堅持九二務必損下益上，反而缺乏包容性，喪失各方面的增益，損失更大。九二如果不守正道，損己以益六五，很可能六五變九五，九二變六二，那就成為益卦（䷩），反而更接近否（ㄆㄧˇ）了。上九倘若也按照天道，在上者能自損以益天下，和泰卦（䷊）就更為接近，真是太好了！

損 41 ䷨

六五，或益之十朋之龜，弗克違，元吉。

六五是上卦三爻受益者的中位，由於陰居陽位，象徵虛中自損，能夠放下身段。即使接受再貴重的奉獻，也不必推辭。六五和九二相應，九二不損，六五則自損尊位，虛己待下，對九二的不損己卻能益人大有助益。六五因為自己虛中自損，有如獲得上天的祐助，因此大獲吉祥。

虛中自損，必能受益而大獲吉祥。

六、上九不必損人而能受益

上九爻辭：「弗損益之，无咎，貞吉，利有攸往，得臣无家。」小象說：「弗損益之，大得志也。」

損卦（䷨）下卦三爻：初九酌損，九二弗損，六三全損，主旨在損下益上，三爻都是損減者；上卦三爻：六四損去貪欲，使損減者安心；六五虛心，使損減者放心，反而更加損下益上；上九居上卦末位，為上卦的終究，由於陽爻剛實，而相對應的六三又屬陰柔。六三有意全損，上九則將六三的全損，完全奉獻給天下，自己好像並沒有損益，所以无咎。但是上九以陽居陰位，難免有不正的嫌疑，因此更加需要守正，才能無往不利。六四去貪、六五虛心，不禁令人懷疑是不是所有的好處，全都集中在上九身上呢？因此上九唯有推而廣之，化家為國，使大家明白，他不僅為自己家人，也不僅為少數的家，而是化天下為一家，使大家更為心悅誠服。如此，不必損人而能夠受益，當然大志可成，所以說「大得志也」。天下為公、四海一家，是現代地球村的共同理想。上九代表聯合國，必須提出一套使天下同心，諸國皆能普受增益的具體辦法，大家才樂於捐出各國資源與人才，共謀地球村的發展與改善。

若是損減者能像九二那樣，不損己卻能益人，而受益者能像上九這樣，不損人卻能增益更多人，應該就是損卦的最高藝術了。損己利人，做起來實在不容易。政府若能依據「損有餘以補不足」的原則徵稅，然後以國庫的收入為人民謀福利，損民益庫，又損庫益民，便是財政收支的最佳法則。

損
41
䷨

上九，弗損益之，无咎貞吉，利有攸往，得臣无家。

損減的最高準則，是上九的不損人而能受益。由於上九陽居陰位，不當位，有不正的嫌疑，必須推而廣之，由自己的家擴大到天下一家，化家為國，才能獲得大眾的擁護。上九自己沒有小家庭的念頭，只知道為天下者不顧家，使得大眾都深受感動，也忘了他們自己的家，共同齊心為天下一家、世界大同而努力。

天下一家、世界大同，是人類最大的福益。

我們的建議

1 損的目的不在損己益人，而在損自己有餘之處，以益他人的不足之處。合理的停損點，是損的安全網，不宜過分，以免對損道喪失信心，反而不敢損、不願意損而不損。

2 有損就有益，減損者的心態，端視受益者的態度而定。若能內心喜悅，自願減損，便證明受益者不貪，也不認為應當受益而高傲。否則減損者為了自保，或者居於不甘受辱的心態，也會停止減損，甚至於應損而不損，有違損道的精神。

3 受益者的最高準則，應該是不損人而能受益。因為損己益人，固然十分可敬，卻不是人人都做得到，或者樂於做到的。損己有餘以益人之不足，通常比較容易。若能不損己卻能益人，想必更能引起大家的共鳴。

4 無論損下益上，或是損上益下，都應以合理為度，最好的結果，當然是小損而大益。人生在世，若能損己益世，應該是最大的成就。倘若損人利己，那就沒有價值可言了。

5 損要由自己做起，而且要歡喜自願，才是真正的犧牲奉獻。自己不損，卻叫別人損，自己小損，卻要他人大損，都不可能持久，也不合乎損的道理。

6 自己的言行，導致他人的身心受害，稱為惡損。促使自己言行合理，去除危害他人身心的部分，即為善損。同樣是損，卻有惡損、善損之分，不可不謹慎小心。

《第十章》

益卦六爻
有哪些啟示？

益卦的主旨，在損上的實以益下的虛，
必須心懷誠信，堅持中道，絕不可以損人利己。

從最初的受益者開始，就要發揚增益精神，
就算位置卑微，也應該大有作為，力求圓滿。

受益的主體，應該感恩圖報、不忘本，
遇有重大凶險擅自作主，事後也要向上稟告。

施和受之間，秉公處理，絕不假公濟私，
上下互信，才能夠大小事情都辦得順手。

財富增加，勢必道德衰落，風氣敗壞，
不如增益道德修養，上下都以誠信互動。

受益者若是貪得無饜，不知適可而止，
就會引起大眾的不滿，甚至於遭受攻擊。

一・初九善用益道大有作為

益卦（䷩）的卦象，剛好是損卦的倒置。把損卦顛倒過來，就成為益卦。益卦和損卦，互為綜卦。損卦損下益上，益卦剛好相反，成為損上的實，以益下的虛。卦辭說：「益，利有攸往，利涉大川。」彖傳說：「益，損上益下，民說（ㄩㄝˋ）无疆，自上下下，其道大光，利有攸往，中正有慶；利涉大川，木道乃行。益動而巽（ㄒㄩㄣˋ），日進无疆，天施地生，其益无方，凡益之道，與時偕行。」意思是益卦為了增益於下，有所往才會有利。像渡過大河那樣，就算遇到險阻也將有利。能夠損上益下，使人民喜悅無窮。以君上的地位，施益給下民，他的道德必然大為廣博，被覆萬民。由於在上者中正不偏，大家喜慶，所以「利有攸往」。因為在上者伐木為船，可以順利渡河，所以「利涉大川」。益卦震下巽（ㄒㄩㄣˋ）上，下震動而上謙遜，當然每日都能有所精進，永無止境。好比上天施惠於下，使大地萬物生生不已。不論哪一方，都普受利益。所以增益的道理，必須適時採取行動，並且促使雙方都能滿意。

初九爻辭：「利用為大作，元吉，无咎。」

益卦初九，原本是坤的初六，由上卦的乾卦初九，向下移動，才能成為初九。可以說是最先的受益者，居於益卦損上益下的精神，應該大有作為，才能「元吉，无咎」。「利用」的意思，是善用益道，發揮增益的功能。初九陽居陽位，既當位，又剛健，由於獲得六四的相應，當然應該大有作為。小象說：「元吉无咎，下不厚事也。」提醒初九位卑，原本不適宜擔負重任，但現在既然大有作用，就必須圓滿大吉，才能無咎。

益 ䷩
42

初九，利用為大作，元吉，无咎。

初九是最先的受益者，雖然地位卑微，原本不應該擔負重任，但是以陽爻居陽位，又與六四相應，象徵有能力，又獲得上級的信任與支持，當然應該發揚增益的精神，大有作為。只要用心力求圓滿，便能元吉无咎。倘若有差錯或考慮不周，那就令人不服，也容易由於招人嫉妒而受害，不可能无咎了。

要有大作為，就必須格外用心。

二・六二無心益人自外而來

益卦的主要精神，在減損者也能獲益，而受益者必須心懷誠信，一方面不可以過分損人利己，一方面則要把所受的益和大家分享，唯有如此，大家才能放心前來增益。所以六二爻辭說：「或益之十朋之龜，弗克違，永貞吉。王用享于帝，吉。」小象則說：「或益之，自外來也。」

六二以陰爻居陰位，又居下卦的中位，既當位又中正，象徵虛心受益，因而得益最大。這一爻的爻辭，和損卦的六五相似，同樣有人將「十朋之龜」這種價值連城的靈龜，拿來送給他，也都不需要推辭。但是損卦的六五是君位，為損下益上的主體，倘若得道多助，自然元吉。益卦的六二則是臣位，雖然謙虛中正，廣獲賢人的協助，普受大家的歡迎，但更應該謹守本分，以免引起上級的懷疑。這時必須永遠保持合理的操守，絕無非分的野心，才能吉祥。否則上級不放心，隨時可以收回所有利益，那就不吉了。「永」指長久，「貞」為合理的操守。「永貞吉」，意思是長久保持不貪求、適宜分享大眾的貞操，才能吉祥。「王」指益卦的九五，由於六二和九五正應，更應該感恩圖報。震下巽上，顯示損外卦以益內卦這種由外而來的天恩。原本只有九五君王才有資格祭祀天帝，以表示感謝上蒼的恩澤，但由於六二表現得當，為了表現上下同心，特別允許六二代表九五享祀天帝，自然吉祥。六二應該心裡明白，有這樣的獲益，是來自於上級的信任和上天的祐助，因此要永久堅守正道，懷著感激上級的心情來祭祀天帝。

益 42 ䷩

六二，或益之十朋之龜，
弗克遠，永貞吉，王用享于帝，吉。

六二是下卦的中爻，既中且正，深得九五的正應，充分加以信任和賞識，於是得到各種外來的助益，既可貴又多元。這時候六二應當心懷感恩，永遠堅守正道，絕不可以有非分之心，更不能私自獲益而不分享大眾。六二的態度，讓上級愈加信任，甚至可以代表上級祭祀天帝，用意在感念天恩，不忘根本。六二必須從中體會上級的美意，用心報答上級施益的恩惠，只要能公而忘私、上下同心，必然能夠有所增益。

受益的主體，必須感恩圖報，不忘本。

三、六三以患難之事來增益

損卦的大象說：「風雷，益；君子以見善則遷，有過則改。」損卦震下巽上，上為風，下為雷。我們常說雷厲風行，意思是辦事嚴格認真，迅速而且徹底。當風吹得愈起勁時，雷的響聲也愈猛烈。雷聲大的時候，風也隨著怒吼起來。風雷相得益彰，有水幫魚、魚幫水的現象。看似損上益下，實際上，在下基礎厚實，上面才能安心行事，所以是自損者必自益，受益者能益人，大家都有益，才叫做益卦。

巽上三爻，扮演益人者；震下三爻，則是受益者。初九、六二和六三，都應該記住：有所益，必有所損。初九透過大作為，將受益的能量釋放出來；六二永遠不忘本，時時懷著感恩圖報的心情，為上級分憂解勞；六三居下卦的究（上、終）位，並且陰居陽位，更需要謹慎小心，以免有過。

六三爻辭：「益之，用凶事无咎。有孚中行，告公用圭。」小象說：「益用凶事，固有之也。」六二的「或益之」，是指不一定；六三的「益之」，則表示一定。一定要用在凶事方面，才能无咎。倘若用在平常事，那就不好了！六三居下震的上位，象徵震動到極點，引申為行動十分壯烈。以這樣的性格，處於如此凶險（三多凶）的地位，用來處理大的凶事，還要能獲得上級的諒解，否則必然無法逃脫專橫獨斷、自作主張、魯莽無理等罪名。「有孚」指誠信與愛心，「中行」為走中道、守正道。「告公用圭」，是事後依禮制報告自己不得已的專橫行為，並無任何不良企圖，以求獲得上級諒解。「固有之也」，一方面說明這種事本來就應該這樣，一方面則提醒凶事過後必須恢復正常，不宜再有所妄為。

益 42 ䷩

六三，益之，用凶事无咎，有孚中行，告公用圭ㄍㄨㄟ。

六三居下震的極位，象徵自作主張，而又行動壯烈。就全卦來說，六三多凶，提醒我們除非是為了克服凶險、解除危難，否則不容易獲得上級的諒解。倘若六三誠信而又秉持中道而行，事後按照禮制，向上級稟告不得已的專橫、魯莽，尚能无咎。若是為了貪圖權益，而擅自作主，那就有咎了。

遇有重大凶險或危難，
不得已才可擅自作主，但事後仍要向上級稟告。

四、六四得上下信賴以益志

受益者應該感恩圖報，把受益的好處盡量擴大，以增強效果，但並不是對益人者私下報恩，或為私人服務。施益者也不能對受益者有所偏私，或者要求為私人的利益而效勞。施益者和受益者，都必須公而忘私，絕不能因私害公。

六四爻辭說：「中行，告公從，利用為依遷國。」

益卦的六三和六四，爻辭都有「中行」字樣。因為牽涉到權益的損受，所以特別重視依據中道而行。六三和六四，居全卦之中，六三和上九、六四和初九，都是正應，有「中行」的象徵。「告公從」是向公眾報告，使公眾樂於順從。六四是施益者的帶動人，以陰爻居陰位，又承助在上的九五，用謙虛對應初九，以柔順承助九五，無論承上啟下，都恰到好處，可見行為合乎中道。「為依」是依附的意思，「遷國」即遷都。由於六四平日表現良好，深得九五的賞識，能夠合理地依附上級，而施益於公眾，就算遷移國都這樣重大的事宜，都可以提出建議。其先決條件，則是必須有利於人民的生活。

小象說：「告公從，以益志也。」把所要做的事情向公眾宣告，使大家能夠樂於順從。對於六四施益人民的意志，也有增強的助益。凡自損者必自益，從這裡可以獲得充分的印證。

六四的位置，實際上多懼，必須對上柔順而對下謙虛，取得上下雙方面的信任，才能夠益人，而不被上級懷疑是否有營私舞弊的不良企圖。因為施益時要求給予私人若干回報，甚至於假公濟私，也是常見的事情。唯有誠信，秉持正道而行，才能夠消除疑慮而無所恐懼。

益

42

䷩

六四，中行，告公從，利用為依遷國。

三多凶，六三處理凶險，反而安全；四多懼，六四是施益的開始，倘若假公濟私，或者趁施益之時，要求私人的回報，必然就會多懼。若能秉持中道而行，一切秉公辦理，平時凡事公告，使眾人明瞭而樂於順從，又能依附上級旨意，深得上級信任，就算是遷移國都這樣的大事，都可以提出建議。只要是真正有利於人民，便能為上級所接受。

秉公辦理，絕不營私舞弊，上下都會樂於接受。

五．九五誠信順應大眾感激

《易經》的思維，對每一個人來說，都是自我約束，不可放肆。九五以陽剛居陽位，又居上卦之中，既中且正，當然是益卦的卦主。但是九五爻辭，仍然提出「有孚惠心」的要求。「有孚」即誠信與愛心，「惠心」則是施惠於民的心願。寄望九五這位誠信的施益者，能夠順應民意，切勿一意孤行。

九五爻辭說：「有孚惠心，勿問元吉，有孚惠我德。」

施益的人，要做到「勿問元吉」，不需要透過民意調查，便有把握一定會元吉，而最好的辦法，即為「有孚惠我德」。「我」指九五，「我德」是九五的大德。「惠」是感激，「惠我德」便是感激政府的德政。政府有孚，人民也有孚，彼此都誠信，當然不用多問，自然元吉了！要做到這樣的地步，只有多聽人民的聲音，多為人民服務，而且在精神上主張平等，在物質上則倡導合理的不平等。因為財富的獲得，有很多因素，一味要求平等，相當於劫富濟貧，從某種角度來看，也是一種不平等。即使是合理的不平等，也比這種齊頭式的假平等要好。精神平等，大家都有同等的機會，才合乎公正原則。所以小象說：「有孚惠心，勿問之矣，惠我德，大得志也。」施益的人，只要誠信而抱持施惠人民的心願，不必多問便知道大為吉祥。人民普遍知恩感激，當然可以大幅度地施展照顧百姓、服務人民的抱負。古人說得好：「財聚則民散，財散則民聚。」立法、行政都以大眾的利益為主體，而且要謀求久的益。我們常見財富日愈增加，道德卻日趨衰落的情形。人心變壞，社會風氣也跟著變壞，反而使大家都身受其害。

益 42 ䷩

九五，有孚惠心，勿問元吉，有孚惠我德。

九五是君位，為施益的主體。老大誠信而有愛心，什麼都不必問，當然元吉。「有孚惠我德」的「有孚」，則是人民的誠信，表現在感激政府的德政之上，如此一來，政府有孚，人民也有孚。施益者和受益者雙方面都應該講求誠信，上下同心，在仁、義、道、德的修養方面，多多增益。在聲、色、貨、利的財富方面，合理加以節制。治國、齊家、理財、教育之道，無不如此。

多增益道德修養，才是根本所在。

六、上九貪得無厭承受打擊

損卦（䷨）大象說：「君子以懲忿窒欲」，和益卦（䷩）大象的：「君子以見善則遷，有過則改」，兩者有異曲同工之妙。「懲忿窒欲」，上損少而下益大；改過遷善，則上損小而下益更大了。九五是老大，上九即為大老。上九位居益卦的上（究、終）位，最可怕的更是貪得無厭、不願意施益於民，以致引起大眾的不滿，群起而攻之，所以凶。

上九爻辭說：「莫益之，或擊之。立心勿恆，凶。」

「莫益之」，就是沒有人願意益助上九。「或擊之」，是說或許還有人要攻擊上九。為什麼呢？因為上九以陽爻居陰位，不當位，而且陽實剛健，知進不知退，以致貪得無厭，物極必反，不但不施益，反而損人益己，引起大眾的反感。上九違反了益卦損上益下的精神，居心反覆無常，所以有凶象。

小象說：「莫益之，偏辭也。或擊之，自外來也。」

上九「立心勿恆」，原本是上卦三爻之一，應該損上益下，卻由於心有所偏，不益下而益己，所以爻辭才會出現「莫益之」這樣的偏辭，不合益卦的正意。打擊上九的人，應該是來自外（上）卦的九五。因為九五很得民心，大家看九五的面子，不方便攻擊上九。九五「有孚惠心」，看見上九這樣貪得無厭，不能不加以規勸，希望上九能遷善改過。若是勸告不成，也只好出手打擊了。物極必反，固然是常態的發展。身為大老，必須妥善與老大配合，自行克制，倘若有過，最好趕快善補過，以趨吉避凶。損中有益，益中也必然有損，不可能只益不損，那就成了貪得無厭的小人。

益 ䷩ 42

上九，莫益之，或擊之，立心勿恆，凶。

凡事切記物極必反，上九爻辭，即在提醒大家：損上益下到了上九盡頭，往往會變成損人利己，有了偏私，以致大家都不來增益，有時九五也不得不出面規勸，甚至於打擊上九。立心不夠堅定，有違恆常，是上九自招凶禍的主要原因。倘若上九能夠和九五配合，不忘損上益下的基本精神，才有避凶的可能。

不能貪得無厭，以致忘了根本。

我們的建議

1 損（䷨）益（䷩）兩卦，和乾（䷀）坤（䷁）、泰（䷊）否ㄆㄧˇ（䷋）一樣，最好能合起來看，不分開來想。有損才有益，有益就應該合理地損。損益平衡，才能長久。實際上損益同時出現，也必須合理調節。

2 「有孚」即誠信與愛心，是《易經》十分重視的課題。它不是用嘴巴說的，而是應該要出自於內心的真誠，才值得他人信賴，也才能引發感應。誠信為安樂之本。人而無信，禍害很快就會出現。

3 「有孚」從哪裡來？從自我反省而來。每天留二十分鐘給自己，仿效曾子三省吾身：替人計議事情盡心了嗎？對朋友有沒有不誠信之處？告訴人家的事情，自己真的很熟悉嗎？不斷追求誠信、理性反省自己，以求自我增益。

4 一般動物只有欲意，缺乏道德心。人也是一種動物，難免有欲念，但是我們有道德心。《易經》的中道思維，便是在提醒我們：要以道德心合理克制欲念。特別是損益之間如何兼顧並重、合理施受？更是自我修養的重點。

5 損卦（䷨）從泰卦（䷊）轉變而來，啟示我們過分重視損下益上，就要變成否ㄆㄧˇ（䷋）了！益卦（䷩）從否ㄆㄧˇ卦（䷋）而來，是不是多做一些損上益下的事，比較容易否ㄆㄧˇ極泰來呢？

6 當事情減損到相當程度，大家就會努力設法補益。然而補益到差不多時，就應該像水桶滿了，溢一些水出來。損益合度，大家都歡喜。倘若有一方貪得無厭，那就不好了！

結語

「三陽開泰」，說的是泰卦（䷊）的下卦，三個陽爻，開展出一個泰卦。「安如泰山」，表示十分安全穩固。「泰山崩於前而色不變」，形容膽量非凡、臨事鎮定。而「國泰民安」，更是大家共同的願望。「否極泰來」，大多用來安慰和鼓勵。我們泰說得多，否說得少，象徵積極、光明的中道思維，能夠透過心想事成，來影響未來的變化。多說好話、多做好事，把「差不多」想成「不能差太多」，才是正面的思維。否卦（䷋）上乾下坤，太正了，正得快要變成不正；泰卦（䷊）上坤下乾，太不正了，不正得快要變成正——這種「物極必反」的整體思維，是《易經》變化之道所帶給我們的啟示。

損卦（䷨）六三爻辭：「三人行則損一人。」三個人在一起，總會有兩個人結成一夥，排斥第三個人。若是這樣的話，怎麼能夠「三人成眾」呢？不到三個人，又怎麼能夠開會呢？僅僅三個人，都不能包容，胸襟未免太狹窄了！爻辭說的是實際情況，都含有「不可為典要，唯變所適」的必要性。三國演義中，膾炙人口的桃園三結義，不也是三人成行嗎？劉備、關羽和張飛，彼此個性不同，見解也不一樣，但是三人互相關懷、愛護、體諒，已經變成一個人，哪裡會損一人呢？然而，我們也不能忘記，當關羽失荊州，為東吳所斬、損一人之後，張飛和劉備，很快也受損，這怎麼說呢？可見每一句話，都會隨著情況的不同、形勢的改變，可以有不一樣的解說。八八六十四卦，總共三百八十四爻的爻辭，都可以隨機想像。我們遇到問題，喜歡說：「很難講，看你怎麼講，隨便你講」，乍聽起來好像是笑話，其實這便是《易經》的中道思維在日常生活上的應用。「很難講」表示道理是活的，並不是死的。一旦固定下來，或者過分強調，很可能就會有所偏失，而不得其正；「看你怎麼講？」則是因為站在不同的立場，經常有不同的看法。而且同樣一種觀點，各人表達時，也常由於心態不一樣，而出現不同的說法；「隨便你講」，則是陰中有陽，陽中也有陰，倘若心意相通，不論怎麼講，都能夠認同。若是心意不相通，不管怎麼表達，就是聽不入耳。有時捕風捉影，想出許多「弦外之音」，也是防不勝防。就是由於有這麼複雜的情境，所以我們絕對（其實也不過是相對）不欺騙，卻也經常不說實在話。我們心中有數：欺騙讓人心中不安，說實在話又往往會死得很慘，因而說出第三種話，叫做「妥當話」。《易經》的爻辭，大多說「妥當話」，必須經過合理的詮釋，才看得懂，也才想得通。偏偏現代人受到西方的影響，以西方的思維方法來解讀《易經》，或者採用西方的標準，來評判《易經》的道理，以致產生很多扭曲和誤解。最好能正本清源，先把《易經》的中道思維弄清楚，並且實際加以運用。不同層級的人，由於認知、選擇和判斷的能力不同，所經歷的磨練也不一樣，以致有不相同的說法，不妨彼此尊重，互相包容，以取得諒解。把不同的解說，當做多一種參考，多一樣選擇，使自己的視野更加擴大，使自己的見解更加深入，也使自己的生活，增加很多彈性和樂趣。《易經》的整體系統、中道思維和基本法則不能變，但其它還是要變呀！

泰（䷊）、否ㄆㄧˇ（䷋）兩卦，既相綜又相錯，實際上也是互為交卦。什麼叫做「交卦」？便是將兩個卦的上卦和下卦，彼此交換，就會變成另外一個卦。泰卦（䷊）下乾上坤，倘若上下卦交換，成了下坤上乾，那就變成否ㄆㄧˇ卦（䷋）。這種變化的道理，我們在適當機會時，還會再次加以說明。

《附錄》

以中道促進和平發展

一、二十一世人類需要和平發展

有了第一次和第二次世界大戰的慘痛經驗，人們十分關心會不會有第三次世界大戰？什麼時候發生？當然，有陰就有陽，有人說不會發生，也就有人說一定會發生。

認為不會發生的人，指出不是不想打，而是不敢打。因為核武、化武太厲害，各種資訊太透明，打起來勢必要同歸於盡，誰也佔不了便宜。贏也是輸，為什麼要打？

肯定會打的人，則認為人口太多，已經超出地球資源的負荷，不戰爭怎麼能夠大量減少人類的數量？爭奪資源，又逢氣候不正常，各種變化不利於人類的生存，以致競爭更加劇烈，非戰爭不足以解決問題。再說，有一就有二，有二也就有三。「無三不成禮」，必然會發生第三次世界大戰。

說這種話的人，實際上對「無三不成禮」的真義並不瞭解。也就是對《易經》的三爻卦，沒有更為深入的體會。

我們所說的「三」，和數學所說的三，有時候是一致的：三就是一個加一個等於兩個，兩個再加一個等於三個。有時候卻另有用意，那就是「一生二，二生三」的三。依據數學的計算，應該是「一生二，二生四」才對，怎樣會是「二生三」呢？

原來這裡所說的「三」，是「參」的意思。「一」是太極，太極生兩儀，陰和陽即為二，所以說「一生二」。陰陽不能分裂，否則孤陰不生，獨陽不長，難以發生作用。因此二合為一產生摻和、化合、交互的作用，才叫做「二生三」。

世界大戰是一，先後產生第一次和第二次世界大戰，成為一分為二，也就是一生二。兩次世界大戰之後，人類知所反省，綜合往昔的經驗，走出和以前不一樣的途徑，便是二合為一，也就是由二生出來的三，成為新的一。

《中庸》說：「唯天下至誠，為能盡其性；能盡其性，則能盡人之性；能盡人之性，則能盡物之性；能盡物之性，則可以贊天地之化育，可以贊天地之化育則可以與天地參矣！」天下間只有至誠的人，不自欺欺人，才能夠把原先具有的本性完全開發出來，對於人性的瞭解自然透徹，用來探究物性也更為明確。明白天地萬物的事理，就可以參贊天地間萬物的化育，也就具有參與天地運作的能力，能為天地尋找出一條可行而有效的合理途徑。

和平發展，便是人類參照第一、第二次世界大戰，所產生的第「三」條路徑。在「二」次慘痛經驗中，尋找出來的另「一」條生路。二十一世紀人類面臨滅絕的危機，必須充分發揮「參與天地運作」的能量，透過和平發展，轉化出一條光明的大道，那就是易學的中道。

二、和平發展是二十一世紀的中道

第三次世界大戰，或許已經悄悄地發生了，或許正在進行，或許快要結束了。這種化整為零、隱而不顯、模糊焦點的嶄新方式，是不是易理的再度發揚所造成的？

打就打、不打便不打的「一分為二」式思維，風行近代數百年，似乎已經山窮水盡，再也走不下去了。人們在不知不覺中，採用了「打好像不打，不打又像打」的《易經》思維。「模糊理論」一下子熱絡起來，竟然由向來主張精確的西方人士所發動，難道是偶然的事情？真正的原因，應該是西方的精確思維，所衍生出的工業和科技發展，已經遭遇到嚴重的障礙，才不得不求救於「陰中有陽、陽中有陰」的兩可思維。

今日世界，已經看不見「不是盟友，便是敵人」的二分法主張。我們所看到的地球村，是既聯合又鬥爭、既合作又競爭、既友好又攻擊的「難分難解」的情況。凡事差不多就好，不必過分計較。否則分得太清楚，很可能一個朋友都沒有。地球村是一，各地區的本土化是二，求同存異，彼此尊重到差不多的地步，應該翻臉時還是要適切地做出反應，才是今日地球村互相「參」照的可行方式，那就是三，實際上是新的一。這就是我們常說的中道，合乎自然規律的道路。所以「三」代表「合理」。無三不成禮，代表合理的禮節或禮數，受到大家的歡迎。不一定三，卻也不反對三。一表示大家一致，二表示各有不同，三則是依據自己的實際狀況，不一定和大家一致，也不一定要和大家不一樣，合理就好。大同世界的要求，容許各地有不同的小異。大同小異，成為平天下的最佳方式。

經濟發展，是現代社會的優先需求。由於各地情況不同，各國實力不一樣，勢必引起很多不平。累積若干不平引起各種抗爭的情形屢見不鮮。能不能和平共存？已經成為國際間十分關注的課題。為了發展而犧牲和平，固然不利於人民的生活安全，為了和平而停滯或減緩發展，也不利於人民的生活素質。而安全與素質，又是人民共同的需求。如何運用「二生三」的智慧，在和平與發展之中，走出一條兼顧並重的合理途徑，便是二十一世紀全球共同需要的中道。十九世紀英國人花費整整一百年的時間，証明船堅炮利，就算用武力將全世界都佔領下來，也終將無法持久，終究是既濟之後又是未濟。最後一塊殖民地離開時，英國又是依然故我。二十世紀美國人同樣費盡心思，以一百年的時光，來証明充當世界警察，透過協商和維持秩序的努力，也無法達成願望，使出有利的單邊要求，卻造成愈反愈恐的不安局面，令世人十分失望。二十一世紀全球化的快速發展，主要重點在看不見的文明衝突，只能依賴包容性至為廣大的易理，配合現代時空的實際需要，做出一番合理的調節。

文明整合，一直是美國的夢想，如今才知道根本不可能達成。文明交流，才是人類應走的途徑——彼此交易，自發地在不易和變易之中，做出合理的交易，讓彼此都能皆大歡喜。

生物科技告訴我們，物種必須多樣化，才能夠生生不息。依此類推，人類的文明，也不應該一致化，以免造成滅絕的惡果。各式各樣的文明，彼此包容，在異中求同的妥協下，尋找此時此地的合理中道。理是活的，所以不必要也不可能一致。中道是相當寬鬆的，差不多就好。

三、大同小異是二十一世紀所需要的中道

首先，我們必須覺悟，歷史上由盛轉衰，並不完全是小人得志所造成，而是君子不爭氣所使然。近數百年來，中國的衰弱，同樣不完全是西方的強盛所造成的，我們不能持續上進，才是根本的原因。我們不明易理，逐漸走上偏道，這才

造成很多社會問題。清末的鴉片戰爭，又逢黃河氾濫成災，內憂外患，使中國成為西方人眼中的紙老虎，頓時興起瓜分中國的野心。五四運動，一方面由於民族自尊心和自信心十分低落，而當時的知識分子，對於西方和我國雙方面都缺乏深刻的瞭解，可以說不知彼也不知己，便貿然提出科學和民主，又認為科學和民主都是西方文化的產物，因而主張全盤西化，以救亡圖存。五四的出發點，當然是愛國愛民，卻由於缺乏文化的通識，偏取科學、民主，而忽略道德和信仰，徒然熱心有餘，卻不幸把中華文化的智慧扭曲了，造成十分嚴重的錯亂，迄今仍然難以平復。

科學是人類共同擁有的理性產物。中華民族的科學發展，曾經領先世界一段很長的時間。許多出土的文物，由於現代科技不能加以有效的保護，出土後便喪失了原有的光彩。所以保護文物的最好方式，便是暫時不出土，已經逐漸成為大家的共識。民主是一種心態和素養，當然有中式和西式的不同。近百年來，東方民族實施西式民主，幾乎無一成功。凡是學得愈像的國家，反而受害愈深，便是最有力的証明。倫理和信仰，則是中華民族最擅長的項目，現代教育卻避之唯恐不及，實在可悲！伏羲氏否定了超自然的上帝，以自然規律為最高的存在。天無所不知、無所不在、無所不能，成為我們的信仰。老子說「天道」，孔子「五十而知天命」，以「天」為名來倡導中道，更透過倫理來彰顯道德修養，這樣的健全人格、健康生活，難道不值得發揚光大？風水輪流轉，二十一世紀正逢中華文化貞下起元，重新擔負一統天下的神聖使命，我們怎麼能夠不特別用心呢？

「一統天下」並不是「統一天下」。「一統天下」是「平天下」的結果，大同小異，也就是統一到差不多的地步，皆大歡喜。

《易經》是人類共存、共進化的合理途徑。地球村並不是統一天下、把全世界一致化，而是一統天下，大家共同依據易理，各自發展出不同的特色，如此一來，地球村才能夠多彩多姿地和平共存。

今日世界的最大問題，說起來便是一個「私」字在作祟。民族有私心，想以自己所信奉的宗教來消滅其它的宗教。各自認為自己的文化最優越、自己的宗教才是正當的信仰，實在是天大的笑話，卻有太多的人執迷不悟，而自以為是。

易學是「公」的，是人類共同的道理，我們並沒有申請智慧財產權。自然環境提供人類共享，自然規律也是人類所共同遵守的法則。只要誠心誠意，沒有人會否定自然的存在。宗教有分別，文化有差異，但是大自然卻全球都一樣。

春、夏、秋、冬，全球一致。火能使水沸騰、水能使火熄滅，全世界也都一樣。科學無國界，便是由於全球的自然環境與變化，擁有著共同的規律。這種「公」的智慧，是拯救現代「私」心高漲的良藥。只要能夠明白易理，並付諸實踐，人的私心，就會為公心所取代，而能夠秉公看待萬事萬物。大自然是有機的，並不完全是物理的、機械的。我們把時間，空間和性質，都看做自然的一部分，共同構成我們所信仰的「天」。所以人人都是一小天，而地球是一大天。我們不敢奢望全世界的人都明白這個道理，至少各國領袖以及高階將相和各界首領，都應該盡早明白易理，所以說「不知易，不足以為將相」。

四、中道可以促進和平發展

中道的基本原則，是「執兩用中」，其源頭可以從〈繫辭上傳〉所說：「天地設位，而易行乎其中矣。」看出端倪。古人以眼睛觀察自然現象，看見日月星辰按軌道移動，植物也依時令季節生長，不免想像在這些現象的背後，有著至高無上的永恆神靈做為主宰。這種念頭，成為各派宗教的由來。《易經》則認為天地設位，天下萬物都具有其自然的位置和名分。各自的位置和名分一旦設置完成，自然的規律（也就是易理）便自然而然運行其中，宇宙間一切秩序，都十分合理。但是「一陰一陽之謂道」，表示自然現象是互相對待的，有正即有反、有陰便有陽、有上就有下。現代科學，也証明有物質就有反物質、有宇宙便有反宇宙。電腦有1（陽）也有0（陰），所以變化無窮。這種亂中有序的表現，即是我們所說的中道。然而有中道就會有偏道，這也是自然的現象。一為中道，二即為偏道，執兩用中是三，即為在中道和偏道之間，走出一條合理的中道。先做好定位，再審視當時的實際情況，用心找出合理的平衡點，便是此時此地最合理的中道。

二十一世紀所需要的中道，至少有下述三大特性：

1、全球化與本土化的兼顧並重

今日的全球化，是西方「強權就是公理」的產物，難怪引起很大的反彈，造成本土化與全球化的劇烈抗爭。

〈繫辭上傳〉在「一陰一陽之謂道」後面，緊跟著指出「繼之者善也」，意思是一陰一陽的相互對待與作用稱為「道」。乾承繼此道而開創萬物，就叫做善。倘若以強權締造地球村，勢必造成「人我對立」的不良關係，那就不善了！西方人害怕戰爭，所以講求和平，並不是出於國民的天性。因為不明白易理，不知道以「為所當為」來取代「為所欲為」，把原本應該「人我和諧」的關係，搞成「人我對立」。科學只追求「實在」，並不關心「正當」或「正義」，造成西方科學的重大盲點。以西方對科學的認知，以及強權就是公理的心態，想要建構天下太平的地球村，實在是非常困難。必須以《易經》的「人我合一」，做到民族之間沒有侵略者與被侵略者；經濟方面沒有剝削者與被剝削者；政治方面也沒有壓迫者與被壓迫者。合乎正當公理的要求，自然能夠達成全球化與本土化兼顧並重的目標，使地球村能夠和諧地共謀發展。

2、科學與人文的互相包容

近百年來，我們炎黃子孫由於生活的壓力，不得不捨人文而重科學，把第一流的人才，全都推向科學的領域。殊不知有固定答案的理工醫農，實際上比沒有固定答案的人文、社會、藝術，和只重問題不重答案的哲學要容易得多。我們以第一流頭腦攻讀比較容易的學科，卻以第二流的頭腦研習更為困難的學科，豈不是埋沒人才，而又造成社會的不安？讀理工的不懂人文，勢必憤世嫉俗；習人文的不懂科學，又將束手無策。彼此互不相通，卻又共同繼承「文人相輕」、「誰都不服氣」的「不認輸」精神，要求國泰民安，恐怕只好「不問蒼生問鬼神」了！科學十分重要，人文也不可輕忽。我們把Science翻譯成科學，是最大的失誤，因為它源自拉丁文的「知識」，相當於我們的「學問」，何況科學所研究的是自然，而人為的事物，果真都是自然的嗎？把賽先生（Science）翻譯成「學問」，包括科學和人文，應該會妥當一些。科學追求「真實」，人文要求「妥當」，各有所長，卻為人們所共同需要，兩者最好彼此包容，互相敬重，以期造就出比較完整的人。

3、和平與發展的齊頭並進

西方文化主導世界四、五百年，迄今烽煙不斷、人欲橫流，看不出有什麼良好的對策。主要原因在於不知和平但求發展，也就是以霸道尋求全球化。此舉對發達國家有利，卻逼使發展中國家蒙受若干不平等待遇，當然很難維持和平。為今之計，只有普及「和為貴」的中道，以「四海之內皆兄弟也」的胸懷，共同創造長久的和平，才能夠免於滅絕的惡運。金融風暴席捲全球，實際上是一種警訊，透露人類必須共謀和平發展的訊息。不能完全著重於挽救股市和房地產，應該及早注意人們的大同（小異）、和睦（互助）、合理（節制）等觀念的溝通，進一步建立共識，才能使和平與發展齊頭並進，創造人類的光明未來。

五、結語與建議

人類曾經一度相信科學所產生的一切問題，都能夠由於科學進步而獲得解決。現代面對許多衝擊人類倫理、道德、信仰、習慣的壓力，才明白原來科學也存在著相當的無奈與無力。

全球化是二十一世紀人類最重要的課題，也是人類滅絕或生生不息的主要關鍵所在。如何促使不同區域、種族、信仰、語言、生活方式、意識形態緊密地聯繫在一起，形成世界性的利益共同體，應該是大家最為關注的重大事項。

泰卦（䷊）九三爻辭所說的「無平不陂」，告訴我們平地不可能沒有斜坡，海平面實際上是一波接一波地起伏不停，並不是真正的平。由此類推，「平天下」不可能以「強權就是公理」的方式，用霸道的力量來勉強求平。最好能採用九二爻的「包荒，用馮河；不遐遺，朋亡，得尚于中行」，抱持天地包容一切的寬大胸懷，即使像暴虎馮河般有勇無謀者，也能夠找到適當位置，合理地加以運用。雖然距離遙遠，也要用心照顧。不結黨營私，凡事秉持中道而行。換句話說，用易理來和平發展地球村，人類才可能有光明的未來。

當今社會，一部分人只講「和平」，一部分人只求「發展」，如此分開來看，不免流於偏見而走入偏道。我們最好能把「和平」與「發展」合起來想，同時兼顧並重，以期早日走上中道。在人類滅絕之前，尋找到一條生路。

人類需要賴以生存的食、色，更要追求快樂生活的愛、欲。我們不但有物質的需求，而且有精神的需要。人類初出時與禽獸無異，經過這麼長久的進化，已經有了人性，也就是在物質之外，能夠兼顧非物質的精神，使我們由獸性的競爭，提升為人性的互助。真正的共產，應該是共享。全球互助、共同分享，才是全球化的美景。在和平中共謀發展、在發展中共享和平，即為合乎人性的中道。

易經的奧祕系列課程

凡購買「易經的奧祕」書籍之讀者
即可參加「一日易經班」課程

運用易經的 時、位、中、應
規劃出一套與時俱進，持經達變的職場生涯

☑ 已購買易經的奧祕書籍。我想報名參加一日易經班課程，敬請安排座位

姓名：__________ 手機：__________ 行業別：______________

電子郵件信箱：______________________________

郵寄地址：______________________________

報名專線 ：02-2361-1379，02-2361-2258 傳真報名：02-2331-9136
亦可郵寄至台北市中正區重慶南路一段57號8樓-14 曾仕強教授辦公室收

易經的奧秘

中國式管理之父 曾仕強教授著

一本易想天開的絕妙經典，為系列叢書之最佳導讀。

《易經》廣大精微，無所不包，呼應了道家「其大無外，其小無內」的思想。現代人經常講「系統」，卻不知世界上最大的系統就是《易經》。因為宇宙中所有能被列舉出來的大系統，例如：太陽系、銀河系等，都不可能大到「其大無外」；而所有能列舉出的分子、原子、質子、電子等元素，都小不過「其小無內」。那麼，如此一部能「致廣大、盡精微」的《易經》，究竟有什麼樣的用途呢？若是一言以蔽之，有些人可能會不相信，有些人可能會嚇一跳，但如果大家讀通這本書，一定會恍然大悟——原來《易經》是一部能解開宇宙人生密碼的寶典。

本書在台灣與大陸熱銷超過500萬本，高居各大書局排行榜冠軍寶座。

讀友熱烈回應，認為這是一本「可惜沒有早點看」、「對人生有重要啟發」、「能使人茅塞頓開」的智慧鉅作。

想瞭解更多易經的奧秘，
歡迎進入國寶級大師曾仕強教授的網站
http://blog.yam.com/user/mbic.html

售價450元

曾仕強教授

影響華人世界最重要的推手

解讀易經的奧祕系列套書

NO.1
易經真的很容易

NO.2
走進乾坤的門戶

NO.3
人人都不了了之

NO.4
易經的中道思維

NO.5
轉化干戈為玉帛

NO.6
人生最難得有情

NO.7
生無憂而死無懼

NO.8
通就是宇宙真理

NO.9
解開宇宙的密碼

NO.10
還自然一個公道

NO.11
易經由象數推理

NO.12
道德是最佳信仰

「解讀易經的奧祕系列」套書 1-06冊：1800元

「解讀易經的奧祕系列」套書 7-12冊：2280元

「解讀易經的奧祕系列」套書 1-12冊：4000元

訂購專線：02-23611379 服務手機：0932-128118 曾仕強教授辦公室

樂天知命
的無憂人生
本世紀影響
華人世界的重要推手
曾仕強教授 非看不可的最新巡作
修己安人的領袖魅力
本世紀影響
華人世界的重要推手
曾仕強教授 非看不可的最新巡作

知命樂天
人生無憂

觀念決定行爲，行爲影響習慣，習慣改變命運！
現在的你，正是無數的過去所累積而成；
當下的結果，其實就已埋下決定性的種籽。

凡購買曾仕強教授易經系列叢書
免費提供個人命運DNA諮詢乙次
諮詢預約專線：02-23611379
02-23612258